사상의학 바로 알기

차례
Contents

기성복이냐 맞춤옷이냐

사람마다 체질과 체형에 따라 성격이나 생활습관이 모두 다를 뿐만 아니라, 건강이나 수명과 밀접한 생리, 병리까지도 모두 다르게 나타난다. 이러한 사실은 모두 다 아는 상식이 되었으며, 몸을 대상으로 하는 의학계에서는 매우 중요한 개념이라 할 수 있다.

실제 똑같은 병을 앓고 있는 환자들에게 똑같은 약을 처방해도 그 결과는 천차만별이다. 병이 낫는 정도는 사람마다 다르며 오히려 증상이 나빠지는 경우도 가끔 일어나는데, 이런 일들이 의학계에서는 몇 천 년 동안 내려온 아주 골치 아픈 숙제가 되어 버렸다.

나 또한, 진료를 하며 약효가 다르게 나타나는 경우를 수없이 보았다. 옛부터 죄인을 죽일 때 '부자附子'라는 약재를 써 왔는데 부자는 성질이 매우 뜨겁고 독성이 강한 약이라 함부로 쓰지 않는다. 더구나 나는 외증조부께서 부자와 닭을 같이 드시고 돌아가셨다는 얘기를 어려서부터 들어왔기에, 처방을 할 때 부자 쓰기를 매우 두려워했다. 그러나 손발이 차갑다 못해 한여름에도 내복을 입어야만 견디는 심한 냉증 환자에게 부자를 써 치료한 뒤부터 이러한 두려움은 완전히 사라졌다. 몸을 따뜻하게 해주는 '인삼'을 아무리 많이 넣어 먹여도 끄떡도 하지 않던 환자였는데, '부자'를 처방하니, 그제야 손발에 살며시 온기가 돌기 시작했다. 나는 이때, 약의 성분이나 용량보다 그 약을 먹는 사람의 체질과 증상이 중요하다는 것을 깨닫게 되었다.

또한 대표적인 현대병인 비만을 치료하면서 체질이 얼마나 중요한지를 확실히 느낄 수 있다. 환자들에게 똑같은 약을 기본량만 처방해도 살이 빠지는 양은 모두 제각각이다. 어떤 환자는 기본량의 20%만 먹어도 몸무게가 많이 빠진다고 하는데, 다른 환자는 기본량의 세 배를 먹어야 겨우 조금 빠지는 느낌이 든다고 한다. 그 차이는 무려 열다섯 배나 된다. 정말 체질이 아니라면 설명하기 힘든 부분이다.

이렇게 체질의학은 21세기 의학의 화두이자 과제가 되어 버렸다. 체질별 맞춤의학은 이제 한의학뿐만 아니라 서양의학도 추구하는 연구 분야가 됐는데, 서양과학이 하는 수많은 유전자 연구는 바로 이러한 인식에서 비롯한 것이라고 해도 과언이 아니다. 이제는 병에 약을 맞추는 것이 아니라, 그 사람의 체질에 약을 맞추어야 하는 때가 온 것이다.

미국은 아름다운 나라? 쌀의 나라?

6년 동안 같은 교육을 받은 한의사들이 같은 침과 같은 한약을 쓰지만, 일반 한의학과 사상의학은 그 인식이나 작용원리가 매우 다르다. 서양의학에서도 내과와 외과는 진료 방법이 사뭇 다르나 사상의학과 한의학의 차이는 그보다 훨씬 더 크다.

물론, 사상의학이 나오기 전의 한의학도 사람마다 지닌 특성을 무시하고 병명에 맞춰 똑같은 치료법을 쓰는 서양의학과 견주면 체질의학에 가깝다고 할 수 있다. 그러나 자연과 사람의 조화를 뜻하는 '천인합일天人合一' 사상을 강조하다 보니, 체질마다 특성의 체계를 세우지는 못했다. 체질별 특성은 동무東武 이제마李濟馬가 살던 때에 이르러서야 체계를 갖출 수 있었다.

그렇다면 도대체 기존 한의학과 사상의학은 뭐가 다른 것일까?

의학의 형성과 발전은 오랜 역사 속에서 형성된 철학과 과학의 바탕 위에서 이룰 수 있다. 동양의학인 한의학은 노장사상과 유학사상을 그 이론의 바탕으로 삼고 있다. 특히, 기존 한의학은 자연과 어울림을 중시하는 '천인상응天人相應' 이론과 '음양오행陰陽五行' 방법론이 주축을 이룬다. 이는, 노장사상에 가까워 '황한의학黃漢醫學'이라고도 부른다. 이에 견주면 동무의 사상의학四象醫學은 인간과 자연이 동등한 인간 중심의 철학을 그 바탕으로 삼는다. 이는 중용의 정신을 높게 사는 유학 중심의 의학이라 할 수 있다.

자칫 잘못 생각하면 '사상의학四象醫學'이라는 말에서 '사상'이라는 단어가 '태극太極·음양陰陽·사상四象·팔괘八卦'에서 비롯했기에 노장사상에서 사상의학이 나왔다고 오해할 수 있다. 그러나 이는 사물을 통해 깨달음을 얻지 못하고 슬쩍 맛만 보고 함부로 떠벌이는 실수를 저지르는 것과 같다. 원래 사상이란 말은 주역周易에서 나온 말로 '태양太陽·소양少陽·태음太陰·소음少陰'을 가리킨다. 즉, 태극에서 음양의 양의兩儀가 생기고, 양의에서 태양·소양·태음·소음의 사상이 생기고, 사상에서 '건乾·태兌·리離·진辰·손巽·감坎·간艮·곤坤'의 팔괘가 생긴다는 것에서 유래한 말이다. 그러나 동무가 생각하는 사상은 일(事)·마음(心)·몸(身)·물건(物), 이 네 가지로 음양의 사상이 아닌 '인의예지仁義禮智' 즉 유학의 사단四端에서 비롯한 4원 구조를 뜻하는 것일 뿐이다.

따라서 사상의학의 사상을 '주역'의 '태소음양'으로 이해해 양의 성질이 강한 체질을 태양인, 양의 성질이 약간 있는 체질을 소양인, 음의 성질이 강한 체질을 태음인, 음의 성질이 약간 있는 체질을 소음인으로 생각하는 것은 큰 오류에 빠지는 것이다.

이는 마치 미국을 '아름다울 미, 나라 국(美國)' 또는 '쌀미, 나라 국(米國)'으로 소리 나는 대로 적고 미국을 '아름다운 나라' 또는 '쌀의 나라'라고 글자 그대로 풀이하는 것과 다를 바 없다. 단지 음을 빌어 왔을 뿐인데 그 뜻과는 아무 상관이 없는 것을 모르고 억지로 꿰어 맞추면 이런 오류를 범하게 된다.

따라서 근래 한의학에 자주 나타나는 8체질, 24체질, 64체질 이론은 그 구조와 바탕을 살펴볼 때, 동무의 사상의학과는 전혀 다른 체질의학임을 알 수 있다. 나름대로 체질의학이라고 말할 수는 있어도 동무의 사상의학을 발전시켰다고 말해서는 안 되는 것이다.

이제마는 무인 혁명가?

사상의학은 동무 이제마(1837~1899)가 1894년에 『동의수세보원東醫壽世保元』을 쓰면서 생겨났다. 동무는 집안이 넉넉하고 문벌 있는 가문에서 태어나 어려서부터 고전을 비롯한 수많은 책을 골고루 섭렵했다. 또한 주 활동지역이 실학과 북학사상을 쉽게 받아들일 수 있는 함경도 지역이었으며, 그 출생이나 성장 과정을 볼 때 동무의 사상이 상당히 앞서 나갔을 것으로 짐작할 수 있다.

먼저 그의 탄생일화를 살펴보자. 동무의 아버지인 이 진사(반오)가 어느 날 술에 취해 주막에 묵었다. 이 주막에는 늙은 주모가 과년한 딸 하나를 데리고 살았는데, 인물이 박색일 뿐만 아니라 사람됨이 변변치 않아 시집보낼 생각조차 못하고 있었다.

주모는 이 진사가 술에 취해 묵고 있던 방에 딸을 들여보내 하루를 묵게 했다. 이런 일이 있은 지 열 달이 지난 어느 날, 할아버지 충원공의 꿈에 어떤 사람이 탐스러운 망아지 한 필을 끌고와서 "이 망아지는 제주도에서 가져온 용마인데 아무도 알아주는 사람이 없어 귀댁으로 끌고 왔으니 맡아서 잘 길러주시오"라고 한 뒤, 기둥에 매 놓고 가버렸다. 충원공은 꿈이 하도 신기해 일어나 앉아 곰곰이 생각에 잠겼다. 그때, 밖에서 누가 급히 하인을 불렀다. 하인이 나가보니 어떤 여인이 강보에 갓난아기를 싸안고 들어왔다. 하인이 이를 충원공에게 전하니, 충원공은 조금 전에 꾼 현몽이 떠올라 그 모자를 받아들이고 아이의 이름을 제주도 말을 얻었다 해서 '제마濟馬'라고 지었다.

이제마

이렇게 태어난 동무는 타고난 성품이 쾌활하고 용감했으며 탄생일화 덕분인지 어려서부터 할아버지의 사랑을 듬뿍 받았다. 워낙 총명해 7세부터 백부 직장공 밑에서 학문을 배웠고 학문 못지않게 무예를 좋아해 장차 훌륭한 장수가 되겠다는 각오로, 스스로 '동무東武'라는 호를 지었다. 동무는 '동쪽나라의 무인'이라는 뜻이다.[1]

아닌 게 아니라 동무의 일대기를 살펴보면, 1837년에 함흥에서 태어난 뒤, 39세에 무과에 등용해 40세에 무위별선 군관에 오르고, 50세에 진해현감을 지냈으며, 60세에 최문환의 난을 평정해 정삼품 통정대부 선유위원에 올랐다. 61세에 고원 군수를 지낸 뒤, 62세에 모든 관직에서 물러나 경인선이 개통되던 64세에 일생을 마친 것으로 보아 한평생 무인의 길을 걸었음을 알 수 있다.

이렇게 무술을 좋아한 군인 출신의 동무가 의학의 길로 들어선 이유는 무엇일까? 그것은 바로 동무 자신의 체질과 병증이 그 원인이었을 것으로 짐작할 수 있다. 동무는 한평생 병을 앓았는데 여러 방법을 다 써 보아도 효험을 얻지 못해 고민을 거듭하다가 스스로 의학을 연구하게 되었다고 한다. 아닌 게 아니라 그 자신이 밝혔듯이, 동무는 만 명 가운데 한 두 명꼴인 태양인 체질이었으니, 내로라하는 수많은 한의사들이 제대로 고치지 못했을 것이다.

동무가 연구한 글을 보면, 처음에는 철학사상과 유학에 대한 연구를 하다가 결국은 자신의 병 때문에 의학의 길로 들어섰음을 알 수 있다. 우리가 잘 알고 있는 『동의수세보원』은 『격치고格致藁』와 『제중신편濟衆新編』이라는 철학책을 쓴 시기에 썼는데, 이것이 바로 그러한 과정을 보여준다고 할 수 있다.

이렇게 동무는 자신의 고질병을 고치기 위해 역대의 의서를 섭렵했지만 자기 병에 해당하는 치료법이 없어 고민하던 끝에 몇 가지 민간약을 얻고, 평생을 연구한 유학사상과 철학사상을 인체의 생리와 병리에 적용하다 결국 체질론에 이르게 된 것이다.

동무는 사상의학의 철학 체계를 세우면서 태양인의 혁명

기질을 유감없이 발휘했다. 그 첫째가 기존 한의학의 중심이 론인 '음양오행인론陰陽五行人論'에서 오행인론은 빼고 오직 태소음양의 사상인론만으로 체계를 세운 것이다. 동무는 이에 대해 다음과 같이 말했다.

> 『영추靈樞』에 '태소음양오행인론太小陰陽五行人論'이 있
> 는데 대략 그 외형은 터득했으나 아직 장부의 이치는 터득
> 하지 못했다. 대개 태소음양인에 대한 옛 사람들의 의견이
> 있으나 아직 연구를 많이 하지 못했다.[2]

옛날에 동양철학을 연구할 때에는 권위를 상당히 내세웠고, 동양의학 또한 동양철학의 한 분야였기에 그러한 연구 풍토에 서 벗어날 수 없었다. 한의학의 '바이블'이라는 『황제내경黃帝 內經』도 황제가 기록한 것이 아니라 한대漢代의 의가들이 쓰고 '황제'의 권위를 빌기 위해 이름을 붙인 것이다. 이렇게 보면, 기존의 이론을 통째로 흔들어버리는 새 개념을 만든 것은 정말 이지 혁명이라 할 수 있다. 이러한 시도는 동무가 송대宋代 이 후에 관습처럼 내려온 정자와 주자를 통한 유학공부를 거부하 고, 바로 공자를 논한 것만 봐도 알 수 있다. 이것은 조선중기 까지만 해도 '사문난적'으로 몰리는 위험천만한 행동이었다.

동무가 이처럼 거침없이 행동한 것은 실학사상과 북학사상 이 나타난 조선후기에 선진문물을 받아들이기 쉬운 곳에 살았 기 때문이다. 그러나 무엇보다 동무가 13세의 어린 나이에 세

상을 배우겠다고 집을 나와서 이론과 실재를 겸비한 혁명가다운 탁견을 지니고, 나아가 사상의학을 주창하기까지는 그가 타고난 체질의 힘이 컸다고 본다. 동무 자신이 밝혔지만, 내가 동무의 체질을 태양인으로 보는 까닭도 여기에 있다.

나이	연도	역사	일상사	학문		의학
1	1837		함흥 탄생(3/9)			
7	1843		백부 직장공에게 글을 배우기 시작			
13	1849		향시에서 휘장 장원, 가출			
14-29			불명확 시기			
30	1866	병인양요		明善錄 접촉 (추정)		
39	1875					亡陰證에 六味地黃湯 투여
44	1880			儒略 집필 시작		
46	1882	임오군란		獨行篇 완성		
50	1886	고종23	별선무과에 등용 진해 현감 겸 병마절도사(1년)		格致藁	
54	1890			儒略완성		
57	1893			反誠箴 완성		東醫壽世保元 시작(7/13)
58	1894	동학혁명	서울 남산에서 집필			東醫壽世保元 완성(4/13)
59	1895	을미사변	고향으로 돌아옴	附 遺藁 抄(11/24)		
60	1896	최문환의 난	최문환의 난 평정 정이품 통정대부 선유위원		濟衆新編	
61	1897	대한제국	정이품 통정대부 고원 군수	五 福 論 勸 壽 論 知行論		
62	1898		모든 관직에서 물러남			

| 63 | 1899 | | | | 亡陰證에 荊防地黃湯 투여 |
| 64 | 1900 | 경인선
개통 | 사망(9/21) | | 東醫壽世保元 개초
(醫源論-太陰人篇) |

동무 이제마 연표

이제마에 얽힌 이야기

    한 나라를 세운 시조와 마찬가지로 어느 한 학문의 지평을 연 이들에게도 여러 가지 일화와 전설이 따르는 경우가 많다. 의학도 이와 비슷해서, 화타나 편작 같은 중국의 한의사뿐만 아니라 『동의보감東醫寶鑑』을 지어 한국 한의학의 일대 분수령을 이룬 허준과 같은 한의사에게도 여러 가지 신비한 이야기들이 전해진다.[3] 비록 활동시기가 겨우 백 년 남짓 밖에 안 되었지만, 사상의학이라는 새로운 길을 연 동무에게도 몇 가지 전설 같은 이야기가 내려온다.

    첫 번째는 동무가 반미치광이였다는 소문이다. 이는 동무의 태양인다운 성정 탓으로 짐작할 수 있다. 환자의 체질을 구분하기 위해 사용한 여러 가지 방법이 세인의 눈에는 괴이하게 여겨졌기에 그런 소문이 돌았다는 의견이 많다.

그러나 다른 해석도 있는데 동무의 신분 때문이었다고 보는 견해가 그렇다. 족보를 보면 동무는 조선을 세운 태조 이성계와 같은 '전주 이씨'이다. 정확히 말하면 안원대군의 19대손이지만 현재 전해진 안원대군파 족보에서는 동무의 계보도를 찾아볼 수가 없으며, 유일하게 국립중앙도서관 소장본에서만 그 계보를 확인할 수 있다.4) 이성계는 자신이 함경도 출신의 무인이었기에, 자신을 비롯한 함경도 사람들의 굳센 기질과 혁명 정신을 무척 경계해 서북인 차별을 조선의 인사정책으로 삼았다. 동무는 이러한 상황에서 자신의 뛰어남과 혁명성을 다른 사람에게 숨겨야만 했기에 일부러 그렇게 반미치광이 행세를 했을 것이라고 추측하는 것이다.

두 번째는 동무의 신비한 능력을 드러낸 일화이다. 동무의 한 친구가 자신의 가난을 한탄하며 동무에게 부탁하기를, "형님은 세상의 일을 꿰뚫고 있으니, 내가 돈을 벌 수 있도록 앞일을 좀 가르쳐 주오" 하고 부탁했다. 그러나 성인聖人은 함부로 앞일을 알려주면 안 되는 법인지라, 동무는 계속 거절을 했다. 그러나 지성이면 감천이라고 이 친구가 만날 때마다 자꾸 부탁을 하니, 결국 동무도 그 정성에 감복하고 말았다. 어느 해 봄, 마을 사람들이 모여 있던 사랑방에 동무가 갑자기 들이닥쳐 주머니 속에서 자그마한 광목을 꺼내어 친구에게 보여주며 "자네, 이것을 아는가?" 하고는 주머니에 넣었다가 다시 꺼내서 눈앞에 보여 주고 주머니에 도로 넣는 행동을 세 번 되풀이하고는 휭 하니 사라졌다. 사람들 모두 동무가 보인 괴이

한 행동을 그저 병이 도졌다고 생각해버리고 별 관심을 갖지 않았다. 그런데 그 해 가을에 광목 값이 갑자기 천정부지로 뛰었다. 동무는 친구를 도와주고는 싶지만 앞일을 말할 수 없기에 그러한 수를 써서 알려준 것이다.[5]

이제마의 스승

여러 기록을 볼 때 동무가 직접 사사한 스승이 있는지는 분명치 않다. 단지 어려서부터 총명해 글을 읽기 시작했으며, 10세에 이미 주역과 제자백가 및 경서에 문리가 트이고, 13세에 가출해 만주와 소련 지역을 포함한 전국 각지를 유람했다. 그러다 20세쯤에 의주의 부자 홍초당의 서가에서 진귀한 책을 두루 익혔다고 전해지는 것으로 보아 주로 책을 통해 사숙했음을 짐작할 수 있다.

유학의 스승

동무는 어려서부터 가출하기 전까지 정통학문을 두루 섭렵하고 전국 팔도와 만주, 러시아 지역을 돌아다니며 몸으로 터득하는 학문을 공부했다. 따라서 바탕이 된 학문을 따지자면 실학의 학풍과 관련 있다고 할 수 있다.

실학은 율곡 이이에서 시작해, 유형원을 거쳐 이익, 정약용의 경세치용학파經世致用學派와 박지원, 박제가의 북학파北學派 그리고 김정희의 실사구시학파實事求是學派로 나뉘는데, 동무와 관련한 주요한 흐름은 경세치용학파에 있다.

율곡과 정약용은 나라를 부강하게 하고 백성을 구제하는 실증방법론과 대책을 많이 내놓았으며, 특히 목민관으로서 백성을 위하는 정치의 중요성을 강조했다. 동무도 마음·사물·치인治人의 중요성을 강조했는데 이들에게서 영향을 받았음을 알 수 있다.

동무에게 영향을 끼친 스승 가운데 가장 중요한 사람으로 운암芸菴 한석지韓錫地를 들 수 있다. 동무는 30세 전후에 함흥

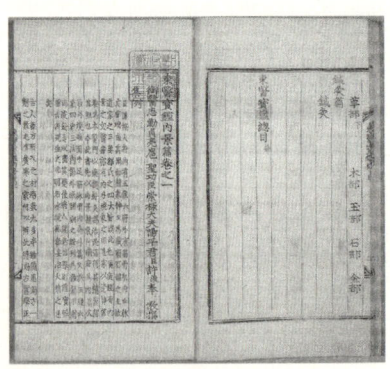

『동의보감』

에서 정평으로 가는 객사에서 우연히 한석지가 쓴『명선록明善
錄』을 얻었다. 동무는 한석지에 대해 "운암은 조선의 제일인자
다"라고 말할 만큼 큰 영향을 받았다. 동무와 친한 문인들은
동무가 쓴『격치고』에 이어 1941년에 곧바로『명선록』을 간
행했다. 그런데, 그 이면지에『동무유고東武遺稿』의 내용이 필
사되어 있었다는 이야기나, 역사학자인 이능화가『조선불교통
사·사상학설인품성정』에서 "동무는 경서經書를 연구할 때, 운
암 한석지 선생을 바탕으로 삼았으며, 그의 격물치지 궁리진
성론은 역학에서 나왔다"고 밝힌 점 등은 동무와 한석지의 관
계를 분명하게 드러낸다고 할 수 있다.[6]

　이밖에도 동무는 율곡과 정약용, 한석지로 내려오는 실학사
상가들 뿐만 아니라 조선 성리학의 6대가에 손꼽히는 기정진
奇正鎭과도 교류했는데, 이는 사상의 치우침을 극복하기 위함
이었다. 결국, 동무는 이러한 철학을 바탕으로 자기만의 독창
성 있는 사상철학四象哲學을 만들었다.

의학의 스승

　『동의수세보원』의 '의원론醫源論'을 중심으로 기존 의학가
와 의학서적에 대한 동무의 평을 살펴보면, 의학의 스승을 짐
작해 볼 수 있다.[7]

　동무는 의학의 시작을 '장중경'의『상한론傷寒論』으로 본다.
이것은 그 동안 의학계에서 천편일률로 내려오던『황제내경』

중심의 원칙만 내세우는 답답한 학문방법에서 벗어나, 『상한론』의 자세히 따지는 방법론을 의학의 올바른 길로 자리매김한 것이라 볼 수 있다. 실제로 동무가 내놓은 문헌이나 인용한 처방도 이『상한론』에서 절반 가까이 나온다는 것은 매우 주목할 만한 일이다.

의학의 중흥기는 '주굉'의『활인서』라 했으니, 이 또한『상한론』의 방법론을 더욱 확고히 한 것이며, 이어 의학의 부흥기를 '이천·공신·허준'이라 했는데, 이 가운데 특히 주목할 만한 인물은 역시 '허준'이다. 다른 모든 의학가는 중국인인데 한국 사람으로는 유일하게 '허준'을 손꼽았으니, 동무가 살던 때에도 한국 한의학의 흐름은 허준에게서 비롯했음을 알 수 있다. 아마도 동무는 의학지식을 대부분 허준의『동의보감』에서 얻었을 것이다.

『동의수세보원』

동무는 이어 말하기를, "의가의 근로공적을 논한다면, 장중경, 주굉, 허준을 으뜸으로 삼고 이천, 공신을 그 다음으로 삼을 수 있다"며 허준의 공적을 매우 높게 평가했다. 이것은 허준의『동의보감』또한 동무와 마찬가지로 근원의 원리를 매우 강조해 새로운 의학이론을 실용성 있게 정리, 요약

했기 때문이다. 한의학이 제 힘으로 발전해야 함을 강조한 점 또한 동무에게 큰 영향을 미쳤다고 봐야 할 것이다.[8]

사상의학의 3대 법칙

사상의학에 대해 알아보기에 앞서, 알아두어야 할 기본 법칙 세 가지가 있다. 약물 혼용 불가의 법칙, 체질 예외 불허의 법칙, 체질 불변의 법칙이 바로 그것인데, 이것은 사상의학의 실제 임상 운용에서 매우 중요한 부분을 차지하고 있다.

약물 혼용 불가의 법칙

정통 사상의학에서는 체질에 적합한 약재를 체질에 따라 나눠 처방하며, 절대 다른 체질의 약재를 섞어 처방하지 않는다. 가령 원기를 크게 보충해주며 비위의 기운을 북돋워 주고 몸을 따뜻하게 해 주는 인삼은 반드시 소음인에게만 처방하지

다른 체질에는 쓰지 않는다. 마찬가지로, 양기를 보충해주며 비뇨 생식 쪽에 큰 효능이 있는 녹용은 태음인에게만 쓴다. 동무가 쓴 『동의수세보원』에도 체질마다 약을 처방하는데, 이 전통에 따라 사상처방은 체질마다 약재를 뚜렷이 나눈다.

그러나 사실 이 부분에 대해서는 말이 많은 것이 현실이다. 기존 한의학에서는 사상체질마다 약재를 섞어 썼는데도 몸에 해를 입히지 않고 치료를 한 일이 많기 때문이다. 그래서 오랫동안 쓰지 않는다면 서로 다른 체질의 약물을 조금 써도 상관이 없다는 쪽으로 의견들이 많아지고 있다. 물론 사소한 차이라도 몸에 심각한 문제를 일으킬 수 있을 만한 병증일 때는 당연히 체질에 맞는 약재로만 처방을 내려야 하며, 한 가지 약만 계속 먹어야 하는 상황이라면 체질에 적합한 약재를 선택해야 한다. 전문 한의사가 정확한 진단을 내려 처방을 한 경우에는 안심하고 한약을 먹어도 되지만 반대로 자신의 체질에 맞는다고 어림잡아 아무 약재나 오래 먹다가는 큰 일이 날 수도 있다.

체질 예외 불허의 법칙

사상의학을 비판하는 연구자들이 가장 많이 비판하는 점은 '수많은 개성을 가진 사람들을 어떻게 네 가지 체질로만 나누느냐'는 것이다. 언뜻 생각해보면 일리가 있는 말이다. 지구에 수십억 명에 이르는 사람들의 성향을 어떻게 네 가지로 나눌 수 있겠는가.

그러나 이 대답은 의외로 기하학에서 쉽게 찾아볼 수 있다. 평면이 하나 있다고 생각을 해보자. 그 평면 위에 가로 선을 하나 긋고, 직각으로 세로 선을 긋는다. 이 선들에 X축과 Y축이라 이름 붙이면, 평면은 정확하게 4등분이 된다. 눈을 감고 그 평면 위, 어디에 점을 찍어도 그 점은 분명히 네 개의 면 안에 속한다. 이 네 개의 면을 각각 체질로 생각하면 된다. 지구에 사는 모든 사람은 태양인, 태음인, 소양인, 소음인의 범주를 벗어나지 못하는 것이다.

물론, 같은 평면에 점을 찍어도 각각 면의 경계선이 되는 직선에 아주 가까운 곳에 찍히는 점들도 있을 것이다. 아마도 멀리서 보기에는 어느 쪽에 점이 찍혔는지 구분하기 힘들 수도 있다. 그러나 자세히 보면 분명 어느 한 면에 속해 있음을 알 수 있다. 사상인의 체질 또한 마찬가지다. 언뜻 보아서는 분간이 안 될 수도 있지만, 오랫동안 자세히 관찰하면 어느 한 체질에는 속해 있음을 알 수 있다.

체질 불변의 법칙

체질이라는 말이 유행하면서 온갖 것에 체질이라는 단어를 붙이는 풍토가 생겨버렸다. "당신은 한성 체질이야" "당신은 열성 체질이야" 같은 말 정도는 쉽게 들었을 것이다. 이 정도까지는 좋은데 심지어 "당신은 중풍 체질이야" "당신은 알레르기 체질이야" 하는 식으로 개인의 병증에까지 체질이라는 말을 붙여 쓴다. 급기야 병을 고치려면 체질개선을 해야만 한다는 말까지 한다. 아니, 저마다 타고난 체질을 어떻게 개선한단 말인가?

예를 들어, 체질개선이라는 말은 A형 혈액형이 맘에 들지 않으니 B형이나 O형, AB형으로 개선해야 한다는 말과 같다. 이것은 불가능한 일이다. 사실 이러한 개념 혼란은 우리 의사들이 만든 것이다. 가족력이 높거나 유전 경향이 있는 질환을 설명하면서, 사람들이 쉽고 간단하게 이해할 수 있는 '체질'이라는 용어로 설명했기 때문에 빚어진 일이라고 할 수 있다.

그러나 병증과 체질은 분명히 다르다. 체질은 타고난 것이기에 절대 변하지 않는다. 흔히 타고난 본성은 바뀌지 않는다고 말하지 않던가. 물론 살면서 성격이나 기타 모든 것들이 조금씩 변하지만 본성만은 바뀌지 않는다고 생각한다.

이 개념은 체질을 판정할 때 상당히 중요하다. 보통 체질을 판정할 때 손쉽게 외모만 보고 결정하는데 체질 판정은 단순히 외모만 보고 판별해서는 안 되며 반드시 외모, 성격, 병증 등의 여러 가지 기준을 종합해서 구분해야만 한다. 어느 한쪽으로 치우쳐 생각해서는 안 되는 이유가 바로 이 '체질 불변의 법칙'에서 나오는 것이다.

만약 뚱뚱한 사람이 갑자기 다이어트를 해서 체형이 확 달라지면 어떻게 될까? 또는 못생긴 사람이 갑자기 성형수술로 얼굴을 완전히 뜯어고친다면 어떻게 될까? 다이어트나 성형

뒤에는 이들의 체질이 달라지는 것일까?

전에 모 방송에서 사상체질 특집 프로그램을 만들고 싶다며 내용을 봐 달라고 한 적이 있다. 그 프로그램은 주부 몇 명을 뽑아 각자 자신의 체질에 알맞은 식품을 구해오게 한 뒤에, 각자의 체질에 맞는지 맞지 않는지에 대한 의견을 나누는 내용으로 제작된다고 했다. 그때 나는 난색을 보였다. 외모만으로 체질을 판정할 수 있다는 오해를 불러일으킬 수 있기 때문이었다. 결국 프로그램 제작은 취소되었다.

체질은 절대 변하지 않기에 그만큼 판정하기가 더욱 어렵다. 자꾸 바뀐다면 보이는 대로 아무렇게나 체질 판정을 해주고, 나중에 다르게 보인다면 말을 바꾸면 되지 않겠는가. "아! 그랬었나요? 제가 소음인이라고 말했나요? 그건 그때고, 지금은 소양인입니다. 체질이 그새 바뀌셨군요!" 하고 말이다. 당연히 말도 안 되는 소리다.

주요한 체질분류 방법

누구나 자신의 체질이 궁금해서 여기저기 물어본 경험이 있을 것이다. 어딜 가도 똑같은 체질로 판정 받으면 그나마 다행이지만, 여기서는 소음인이라는 말을 듣고 또 저기서는 태음인이라는 판정을 받고 또 다른 데서는 소양인이라는 말을 들어 자못 당황스러운 경험을 한 사람도 있을 것이다. 심지어, 오랜만에 다니던 한의원에 찾아갔더니 전과는 전혀 다른 체질로 판정을 해주어 황당한 경험을 한 사람도 있다고 한다. 도대체, 전문가라는 한의사들의 말은 왜 이다지도 다른 것일까?

불행히도 아직까지는 완벽한 체질판정 기준이 없다. 사상의학을 창시한 동무도 체질판정 기준을 세우지 못했는데, 다음 일화를 보면 알 수 있다.

한양에서 천도교의 최린崔麟이 그를 찾아왔을 때의 일이다. 그는 최린의 손발을 만져보기도 하고 글씨를 써보게 하다가 갑자기 마루 옆에 쌓아놓은 장작을 마당으로 옮겨놓으라고 했다. 비록 천도교의 거물인 최린이었지만 의사의 지시인지라 체면 차리지 않고 장작을 한 아름씩 안아 땀을 뻘뻘 흘리며 옮겨놓았다. 동무는 마루에서 최린의 거동을 내려다보고 그를 소음인으로 진단을 내렸다고 한다.

이처럼 사상의학의 창시자조차 체질을 판별하기 어려워했다. 체질을 객관성 있게 판별하기 위해 수많은 노력을 했지만 아직 체질을 완벽하게 판정하는 기준은 없다. 그래도, 임상에 많이 응용하는 방법들 가운데 몇 가지만 추려 보았다.

설문지 이용법

체질을 정확하게 판별하기 위해서는 그 사람의 평소 성격과 감정, 심성과 외모, 체형, 병증 등 모든 부분을 알아야 하는데 짧은 진료시간 안에 이 모든 것을 알아낸다는 것은 그리 쉬운 일이 아니다. 따라서 이 모든 사항들을 설문지에 담아 환자에게 쓰게 해 그 내용을 보고 체질을 판정하는 '설문지 이용법'을 많이 쓴다.

설문지 이용법은 동무의 체질관에 적합한 검사법이라고 할 수 있어 많은 연구를 진행해왔다. 그 가운데 'QSCC II + 개정한 사상체질분류검사'는 객관성에 따라 사상체질진단을 하기 위해 개발한 PC용 프로그램으로, 체질진단의 정확도가 높아 표준화작업을 거쳐 객관성 있는 진단지표를 제공한다. 물론 '개정한' 이라는 단어가 검사 이름에 들어가 있듯이 그 타당성과 판별도를 높이기 위한 연구를 끊임없이 진행하고 있다.

그런데 사실, 이 검사법에도 문제는 있다. 개정작업에 나도 관여했고[9] 검사와 판별장비도 한의원에 갖추어 놓았지만 일반 한의원에서 이 검사를 하기에는 시간과 공간이 매우 부족하다. 더욱이 설문을 작성하는 사람의 편견이 들어갈 틈이 많아 그 정확성을 가려내는 것이 가장 중요하다. 서양의학에서 진행하는 신경정신과 설문기법을 빌어 이러한 문제를 해결해 보는 것도 한 방법이 될 수 있으며, 환자뿐만 아니라 지인에게 설문검사를 다시 한 번 한 뒤에 견주어 보는 것도 좋은 방법이겠다.

지문검사법

지문검사를 이용한 체질판정도 요즘 많이 쓰는 방법이다. 이 검사에 쓰는 장비는 북한에서 개발한 것인데, 남북교류의 하나로 들여와 쓰고 있다.[10] 우리나라에서 개발한 검사법을 쓸 수 있지만 굳이 이 지문검사법을 쓰는 몇 가지 이유가 있다.

먼저 사상의학을 만든 동무는 함경도 출신이어서 그 직계 제자들 모두 북한이나 연변지역에 살았다. 최근에 동무가 쓴 책으로 인증한 『사상의학 초본권』은 만주에서 사상의학을 공부하던 김구익이 동무의 마지막 제자 최겸용을 찾아 함흥으로 건너가서 필사해온 책이다.[11] 따라서 사상의학 연구는 북한에서 활발할 수밖에 없다.

북한의 지문연구 수준은 전 세계에서 독보적 경지에 이르렀다고 한다. 그도 그럴 것이 연구를 위해 꼭 필요한 수많은 실험대상을 손쉽게 얻을 수 있으니 연구 성과가 좋을 수밖에 없다. 제2차 세계대전 당시 독일 나치나 일본의 731부대가 저지른 인체실험으로 의학이 많이 발달했음은 슬프지만 부정하기 힘든 사실이다.

이 지문검사법에도 단점은 있다. 지문 형태로 나눈 집단이 동무가 주창한 사상체질과 연관이 있느냐 하는 것인데, 내 견해로는 완전히 들어맞지는 않는 것 같다. 따라서 전문 한의사가 진찰을 병행해야 한다.

체간측정법

체질을 판별하는 여러 가지 방법 가운데 가장 손쉬운 것은 외모를 관찰하는 것이지만 이 또한 만만치 않다. 옷을 두껍게 입고 있을 때는 외모가 잘 드러나지 않을 뿐더러, 몸의 각 부위의 크기나 길이를 비교할 정확한 기준이 없는 경우가 많기 때문이다.

그래서 이런 점들을 극복하기 위해 다양한 노력을 해왔다. 몸이 뚱뚱해지거나 야위는 것에 별 영향을 받지 않는 뼈와 골격구조를 보는 법과 얼굴에 있는 귀·눈·코·입의 크기와 구조를 견주어 체질을 판정하는 방법도 연구했다. 또한 얼굴의 전두골·관골·상악골·하악골의 관계를, 각각 인체의 어깨·가슴·배·엉덩이의 관계로 연결해 보는 골상법도 있다.[12) 이 연구법들은 모든 자료의 객관성을 얻고 수치로 만들려는 노력이 돋보이는 연구법이다.

다만 구조의 크기나 외형 발달을 그 기능의 강약과 연관지어 생각할 수 있느냐 하는 의문과, 사고나 수술로 외형이 변했을 때는 어떻게 할 것인가에 대한 설명을 보강해야 한다.

오링검사법

오링검사법이라는 명칭은 엄지와 약지를 이용해 O형의 링 ring 모양을 만들어 검사하기 때문에 붙은 것이다. 본래는 근육운동학 이론에서 출발한 검사인데, 몸은 자기에게 이로운 물체나 약재, 음식 등은 받아들여 힘을 강하게 하는 반면, 해로운 것은 거부함으로써 힘이 빠지는 원리를 이용한 것이다.[13) 비록 한의사가 개발한 방법은 아니지만 전 서울대 의대교수 이명복[14) 박사가 널리 알려 일반인들도 많이 알고 있는 검사법이다.

측정에 사용하는 재료에 따라 여러 가지 방법이 있지만 흔히 왼손에 무·오이·당근·감자 등의 한 가지 식품을 오른손으로 들어 완력검사나 오링검사법을 이용, 그 힘의 강약을 판단해 감별하는데, 그 요령은 다음과 같다.

　-오이를 들었을 때 힘이 빠지면 소음인이다. 오이는 소음
인에게만 나쁘다.
　-당근을 들었을 때 힘이 솟으면 태음인이다. 당근은 태음
인에게만 좋다.
　-감자를 들었을 때 힘이 빠지면 소양인이다. 감자는 소양
인에게만 나쁘다.
　-무를 들었을 때 힘이 빠지면 태양인이다. 무는 태양인에
게만 나쁘다.

　한의원에서는 정확도를 높이기 위해 성질이 약한 오이, 당
근, 감자, 무 등의 식품보다 훨씬 성질이 강하고 명확한 약을
이용해 체질감별을 하는 경우가 더 많다. 그러나 환자 본인이
지닌 체질의 편향성이나 측정할 때의 몸 상태 즉, 몸이 아플
때 몸이 원하는 약재가 다를 수 있기 때문에 환자의 몸 상태
에 따라 그 검사결과가 다르게 나타날 수 있다는 것이 가장
큰 단점이다.

식품 ＼ 체질	태양인	소양인	태음인	소음인
오이	O	O	O	X
당근	X	X	O	X
감자	O	X	O	O
무	X	O	O	O

오링 테스트 결과표

유전자 연구

대학원 수업을 들을 때의 일이다. 점심을 먹고 나른해져 수업 시간에 잠시 조는데 문득 머릿속을 화살처럼 뚫고 들어오는 것이 있었다. 바로 SNP(Single Nucleotide Polymorphism, 단일염기다형성)에 대한 설명이었다. SNP는 세포핵 속의 염색체가 지닌 30억 개의 염기 서열 가운데 개인의 편차를 나타내는 한 개 또는 수십 개의 염기변이를 말한다. 여러 사람들의 DNA 염기순서를 견주며 수백 개의 염기 서열을 읽으면 다른 염기를 같은 곳에서 발견하는데 이러한 다형성을 SNP라고 부른다.

보통 인간의 유전자는 99.9%가 일치하지만 바로 이 0.1%의 SNP 차이로 키와 피부색이 달라지고 같은 약을 써도 사람마다 반응이 제각각으로 나타난다. 따라서 SNP연구는 맞춤의약과 신약 개발에까지 자연히 연결되는데 사람들의 다양한 생리와 병리를 예측할 수 있고 환자에 따라 맞는 약을 진단하고 처방할 수 있기 때문이다.

이런 이유로 세계의 의약업계는 게놈프로젝트의 성과를 이용하는 다음 단계로 맞춤의약이 가능한 SNP를 찾아 지도를 만드는 것에 목표를 두고 있다. SNP 설명을 듣다가 이것이야말로 우리 한의학이 일찍부터 펼쳐 온 체질의학이 아닌가 하는 생각이 들어 가슴이 뛰었다.

그 뒤 나뿐만 아니라, 학계 여기저기서 이미 연구를 시작해 일정부분 성과를 거두고 있다. 비록 아직 완성하지 않았지만 언젠가는 훌륭한 성과를 거둘 수 있을 것이라고 기대하고 있다. 서양의학은 아무리 분석을 잘 해 놓더라도 그 자료를 분류할 체계가 없는 반면에, 우리는 이미 그 체계를 예전부터 가지고 있고 또, 실제 임상에서 적용하고 있다.

외모로 내 체질을 판별해보자

　동무가 체질판정을 할 때, 가장 먼저 무엇을 봐야 하는지 알려주는 단서가 있다. 『동의수세보원』에 '人物形容 仔細商量 再三推移 如有迷惑則 參互病證 明見無疑 然後 可以用藥 最不可輕忽而一貼藥 誤投重病險證 一貼藥 必殺人'이라는 구절이 나오는데, 이는 인물의 외형을 자세히 관찰하고, 그래도 모르겠으면 병증을 참조해 약을 써야 하며, 약 한 첩이라도 소홀히 쓰면 사람을 죽일 수도 있다는 뜻이다.

　즉, 체질 판정의 중요성을 강조해 체질 판정을 할 때 먼저 사람의 생김새부터 살피기를 당부한 것이다. 태양인과 소양인은 하체보다 상체가 발달했고, 소음인과 태음인은 상체보다 하체가 발달했다. 내용을 자세히 살펴보면 다음과 같다.

체질에 따른 외모는 어떻게 다를까

태양인은 머리 쪽이 왕성한 체질이다. 가슴 윗부분이 발달한 체형으로 목덜미가 굵고 실하며 머리가 큰 편이다. 대신 허리 아랫부분이 약해 엉덩이가 작고 다리가 오그라들어서 있는 자세가 불안정하다. 한마디로 가분수 모양인데, 하체가 약한 편이므로 오래 걷거나 서 있기 힘들다. 보통, 용모가 뚜렷하고 뚱뚱하지 않은 편이다. 태양인 여자는 옆구리나 허리가 빈약하며 자궁의 발육이 나빠서 임신을 못하기도 한다.

소양인은 가슴 쪽이 왕성하며 양 옆구리가 기다란 편이다. 따라서 상체가 실한 반면에 엉덩이 아래는 약한 편이다. 엉덩이 쪽이 빈약해 앉은 모습이 외로워 보이는데 말하는 것이나 몸가짐이 민첩해서 때로는 경솔해 보일 수도 있다. 보통 마른 편이며 스트레스를 받으면 감정 조절을 잘 못한다. 먹고 자는 것으로 스트레스를 풀어 뚱뚱해지기도 한다.

태음인은 허리 쪽의 모양이 왕성해 서 있는 자세가 굳건하지만 목덜미의 기세는 약하다. 대개, 살이 쪘고 체격이 건실해서 뚱뚱하며 특히 배에 살이 많이 찐다. 간혹, 수척한 사람도 있지만 골격은 좋다. 대부분 키가 크고 체격이 좋은 편이며 키가 작고 여윈 경우는 드물다.

소음인은 엉덩이가 크고 앉은 자세가 왕성하지만 가슴의 모양이 외로워 보이고 약해서 새가슴처럼 보인다. 보통, 키가 작은데 드물게 키 큰 사람도 있다. 상체보다 하체가 균형 있게 발달했고, 걸을 때는 앞으로 수그린 모습을 하는 경우가 많다. 상체보다 하체가 건실한 편이지만 몸 전체를 보면 체격이 작고 말라서 약해 보인다. 소음인 여자는 태양인 여자와는 반대로 엉덩이가 크고 자궁의 발육이 좋은 체형이기 때문에 아이를 잘 낳는다고 한다.

체질에 따라 걸음걸이도 다르다. 태양인은 발걸음이 가벼우나 왠지 불안정해 보인다.

소양인은 몸놀림이 가벼워서 걸음걸이가 날래다. 용맹하고 날렵한 기운을 감당하지 못해 상체를 자주 흔든다. 걸을 때에는 항상 먼 곳을 보고 걷는다.

태음인은 발걸음이 무겁고 잘 움직이려고 하지 않는다. 허리가 발달해 뒷짐을 지고 걸으며 허리를 흔들기도 한다.

소음인은 자신의 마음을 잘 드러내지 않는 소심한 성격으로 앞으로 수그린 모습을 하고 조심스레 걷는다.

목소리 역시 차이가 있다. 태양인은 말이 많고 급하다. 항상 자신의 직관과 판단을 믿기 때문에 말에 힘이 들어가고, 뜻대로 되지 않을 때는 억지를 부린다. 소양인은 어감이 맑고 기운이 좋다. 목소리가 무겁지 않으며 낭랑한 편이다.

태음인은 말이 적으며 어감이 웅장한 경우도 있지만 대개는 무겁게 가라앉는 편이다. 보통 말을 잘 안하려고 하나, 일단 말을 하면 좀처럼 고집을 꺾으려 하지 않는다.

소음인은 어감이 조용히 가라앉고 온순해 단정하고 우아

한 느낌을 준다. 자신의 말을 들어줄 때는 조곤조곤 말을 잘 하다가도 자신의 말이 통하지 않을 때에는 말을 삼키게 된다.

성격으로 내 체질을 판별해보자

외모는 성형수술이나 사고로 변할 수 있어도 타고난 본성은 변하지 않는다고 한다. 물론 자라난 배경과 교육에 영향을 받고 사회생활에 적응하다 보면 타고난 본성대로 살기는 힘들다. 본성대로만 살려고 하면 어떻게 사회생활을 제대로 할 수 있겠는가. 누구나 본성을 죽이고, 다른 사람들과 어울려 지내는 법을 배워야만 하는 것이다.

만일 당신이 어디 가서 말 한 마디 못하고 주눅 드는 소음인 남자아이였다면 남자가 그게 뭐냐고 야단을 맞았을 테고, 온 동네 애들을 다 때리고 돌아다니는 소양인 여자아이였다면 여자가 방정맞다는 소리만 잔뜩 들었을 것이다. 그래서 자신의 본성을 억누르고 고치려 애를 썼을 것이다. 그렇기 때문에

겉으로 보이는 성격만으로 자신의 체질을 판단하면 혼동하게
된다.

그러나 몸에 밴 '학습 적응 성격'이 아닌, 자신의 본성을 구
별해낼 수만 있다면 체질을 판별할 때 중요한 기준이 될 것이
다. 그 까닭은 원래 동무가 사상의학을 만들 때 의학부터 만든
것이 아니라 세상을 살아가는 철학 관념과 방법론을 먼저 만
들어 그것을 의학에 접목했기 때문이다.

사람이 타고난 성정이 체질 판정을 할 때 얼마나 중요한지
알려주는 일화가 있다. 동무가 관직을 그만두고 환자들을 돌
볼 때였다. 그의 의원에는 병자가 들끓었는데 대개 가난해서
약 한 첩 쓸 수 없는 사람들이었다. 동무가 밤낮을 가리지 않
고 이들을 돌보던 어느 날, 병색이 짙은 처녀가 찾아왔다. 동
무는 그 처녀에게 옷을 벗으라고 했다. 예나 지금이나 의사의
지시는 거부하기 힘든 명령이라 처녀는 머뭇거리면서도 웃옷
을 모두 벗었다. 그러나 처녀는 의사의 지시임에도 불구하고
마지막 속옷은 벗지 못했다. 동무는 갑자기 마지막 남은 처녀
의 속옷을 낚아챘다. 그러자 처녀는 악을 쓰며 비명을 질러댔
다. 동무는 처녀의 이런 행동을 보고 빙그레 웃으며 옷을 입으
라고 했고, 그 처녀를 소양인으로 진단했다.

또 이와 비슷한 일화가 있다. 어느 날 양가집 규수가 한의
원을 찾아왔다. 그런데, 규수는 워낙 다소곳하니 고개를 숙이
고 조용히 말만 해서, 도저히 체질을 알 수가 없었다. 동무는
주위 사람들을 모두 밖으로 내보냈다. 방에 둘만 남게 되자,

동무는 방문을 걸어 잠그고 규수에게 갑자기 달려들어 옷을 벗기려고 했다. 앞의 처자처럼 막다른 곳에 몰린 순간에 하는 행동을 보고서야 동무는 체질을 판정했다. 이와 같이 계획과 판단이 끼어들 틈이 없는 아주 급박한 순간에 불쑥 튀어나오는 본성으로 체질을 판별했다.

이러한 동무의 체질 판단법을 보고 그 당시 주위 사람들은 괴이하다고 손가락질을 했다. 그러나 아마도 태양인인 동무는 이러한 주변의 수군거림에 눈 하나 깜짝하지 않았을 것이다.

세상에 대한 정보도 따로따로 받아들인다

사람은 사물을 받아들일 때, 저마다 지닌 여러 가지 감각기관으로 정보를 모으기 마련이다. 그 여러 가지 감각기관 가운데 동무는 귀·눈·코·입, 이 네 기관을 네 체질에 연결했다.

태양인은 귀가 발달해 다른 체질보다 귀가 민감해 소리를 더 잘 듣는다. 물론 학자들 가운데 이것을 귀가 큰 것으로 여기는 사람도 있는데, 이런 판단은 약간 무리가 있다. 하지만 귀의 모양이 소리를 더 잘 듣게끔 생겼으리라고 짐작할 수는 있다.

귀는 소리를 듣는 기관이다. 사람이 지닌 감각 가운데 가장 넓은 범위까지 미치는 것이 바로 귀다. 손으로 만지고 눈으로 보고 아는 것이 아니라, 소리만으로도 사물을 분간하거나 원리를 알아채는 능력은 태양인이 지닌 뛰어난 점이다. 따라서 열심히 분석하고 연구해야 간신히 결론을 내릴 수 있는 일들을 태양인은 순식간에 판단할 수 있다. 물론, 항상 옳은 판단을 내리는 것은 아니다. 다만, 자신의 느낌에 따라 판단하기 때문에 오히려 판단을 잘못하는 경우가 더 많다.

소양인은 눈이 발달했는데 다른 체질보다 눈의 자극에 민감하다. 따라서 태양인만큼 탁월한 직관은 없지만 그래도 코나 입의 능력이 뛰어난 체질보다는 더욱 빨리 눈으로 정보를 받아들인다. 보통, 어떤 일에 나서서 재빨리 대처하는 사람을 일컬어 '눈치 있다'는 말을 하는데, 여기서 말하는 '눈치'가 바로 소양인이 지닌 우월한 정보수용 능력을 뜻한다.

그러나 자신에게 닥칠 일을 직감으로 알아채는 태양인의 능력과 비교해 볼 때, 자신이 봐야만 믿는 소양인은 한계에 부딪치기 쉽다. 신약성서에 보면, 십자가에 매달렸다가 사흘 만에 부활한 예수님이, 자신의 두 눈으로 예수의 손과 옆구리에 난 상처를 봐야 예수의 부활을 믿겠다고 말한 도마에게 눈으로 보지 않고 말만 듣고도 믿을 수 있는 사람이 더욱 훌륭하다고 말한다. 눈으로 보는 것을 중요하게 여긴 도마는 아마도 소양인일 가능성이 높다.

태음인은 코가 발달했다. 코가 측정할 수 있는 정보의 범위는 앞서 말한 태양인의 귀나 소양인의 눈과 견주어 보면 매우 좁다고 할 수 있다. 그러나 '높이 나는 새가 멀리 보고, 낮게 나는 새가 자세히 본다'는 말처럼 태음인은 어떠한 정보도 놓치지 않는다.

파트리크 쥐스킨트의 『향수』라는 소설에 나오는 주인공은 참으로 흥미로운 능력을 지녔다. 세상의 모든 사물을 냄새로 파악하는 '그르누이'는 아름다운 냄새를 취하기 위해 엽기적인 행각을 벌인다. 어떠한 냄새를 통해 그 냄새에 얽힌 기억을 떠올리거나, 반대로 어떤 기억을 떠올림으로써 실제 그 냄새를 맡을 수 있을 정도니, 가히 태음인의 극한을 잘 보여주고 있다고 할 수 있다.[15]

소음인은 입이 발달했다. 다른 모든 체질이 발달한 귀, 눈, 코의 기능과 견주면 입은 그 범위가 좁지만 좁은 만큼 사물을 자세히 분석한다. '똥인지 된장인지 찍어서 맛을 봐야 알 수 있다'는 말이 여기에 해당하는데, 소음인은 맛을 보기 전에는 아무것도 믿지 못한다. 부엌에 있는 소금도 자기 손가락으로 찍어서 맛을 봐야 소금으로 인정하는 것이다.

따라서 소음인은 정보를 받아들일 때 대강 받아들이는 법이 없다. 혹시, 잘못된 것은 없는지 섬세하게 따지고 분석하고 확인한다. 모든 일에 불안해하기 때문인데, 그만큼 확실한 정보를 얻는 장점이 있다.

타고난 세상관도 체질마다 다르다

동무는 천시·세회·인륜·지방을 각각 네 체질의 천기天機로 설명했다. 이는 각 체질이 바라보는 세계관으로 보면 좋을 듯하다. 천기는 '이목비구耳目鼻口'의 네 가지 감각기관에서 나온 것으로 타고난다고 보며, '폐비간신肺脾肝腎'에서 나온 세상일을 말한다. 세상일과 견주자면 대동大同, 곧 크게 같다는 뜻인데, 네 체질마다의 공통사항을 뜻한다.

태양인의 세상은 천시天時이다. 옛부터 위인이나 영웅은 하늘의 때를 알아야 한다고 했다. 나관중의 소설 『삼국지』를 보면, 유비가 제갈공명을 얻기 위해 세 번이나 찾아가는 대목이 나온다. 이때, 제갈공명은 하늘의 때에 이르지 않았지만 유비의 지극한 정성에 어쩔 수 없이 세상에 나가야 함을 한탄한다. 바로 이러한 것을 천시라고 할 수 있다. 천시는 어떻게 보면 하늘이 알려주는 어떤 특별한 징조나 낌새 같은 것인데, 태양인의 귀는 바로 이 낌새를 알아채는 능력을 지녔다. 일의 징조를 알아내는 능력이 바로 태양인이 지닌 특별한 판단력인 것이다.

따라서 태양인은 모든 일을 순식간에 결정하는 버릇이 있다. 예를 들어 두 가지 비슷한 일 가운데 반드시 한 가지를 선택해야만 하는 중요한 갈림길에 서 있다고 가정해보자. 다른 체질들은 선뜻 결정을 못하고 왔다갔다 망설이지만 태양인은 한번 척 보자마자 결정하고 일을 추진해버린다. 어떤 논리나 당위성, 분석에 기초한 결정이 아닌 그냥 느낌으로 판단하는 것이다. 이렇게 무모한 자신감과 판단력이 바로 태양인이 살아가는 방법이기에 태양인의 세상은 천시인 것이다.

소양인의 세상은 세회世會이다. 세회란 세상의 만남, 즉 모임을 뜻한다. 월드컵에서 우리 국민들이 보여준 길거리 응원을 바로 세회라 할 수 있다. 친구를 위해서는 기꺼이 목숨마저 내놓는 의리파가 바로 소양인이다. 소양인은 자신의 눈으로 보고 느끼는 벅찬 감동과 동질감을 강하게 표시한다. 설사 다음날 출근해 중요한 일을 해야 해도 오늘은 일단 길거리에 모여야만 하는 것이 소양인의 세회이다. 소양인의 세회는 철저하게 조직처럼 짜여진 모임이 아닌, 지금 당장 느끼는 감동에 따라 자연스럽게 만나는 모임을 말한다.

또 다른 의미로 소양인이 일하는 것을 보면 소양인은 모든 일에 즉흥으로 대처하는 능력을 갖추었다. 소음인, 태음인들은 대인관계도 미리 철저히 준비하고 만나지만, 소양인은 모임 속에서 모든 일을 바로 처리한다. 그래서, 소양인의 세상은 세회인 것이다.

태음인의 세상은 인륜人倫이다. 인륜이란, 사람이 지켜야 할 도리를 말하는데, 태음인처럼 원리원칙을 철저히 지키는 예의파에게는 당연한 세상이라고 할 수 있다. 태음인은 일단 옳다고 생각하는 원칙은 꼭 지킨다. 아무리 바빠도 주차구역에 장애인 표시가 있으면 절대 차를 대지 않는다. 물론, 그 장애인 표시를 규칙으로 여기지 않으면 결과는 달라지지만 일단 지켜야 하는 윤리로 판단하면 꼭 지키려고 한다.

흔히, 보수 세력이 태음인인 경우가 많다. 일단, 윤리와 법칙을 흔드는 개혁세력에 대해 아주 언짢아한다. 태음인은 안정한 사회를 유지하는데 큰 몫을 하지만 자칫, 올바른 변화마저 거부하는 옹고집이 되기 쉽다. 이처럼 태음인의 세상은 인류인 것이다.

소음인의 세상은 지방地方이다. 지방이란, 말 그대로 전체나 중앙을 의미하는 것이 아니라 어느 지역을 말한다. 정부에 빗대면 전국을 관할하는 중앙정부가 아닌, 영남지방이나 호남지방과 같은 지방정부라고 할 수 있다. 앞서 말했듯이 소음인의 정보감각기관인 입은 다른 체질보다 그 범위가 매우 좁다. 직접 접촉해야만 그 정보를 알 수 있기에 당연히 소음인이 살아가는 세상도 좁을 수밖에 없다. 따라서 지방의 세상이라고 하는 것이다. 그러나 그 좁은 세상 속에서 매우 아기자기하고 자잘하게 잘 살아간다. 수백 번 확인하고 또 확인하기 때문에 시시콜콜 모르는 것이 없다.

소음인은 친한 친구도 몇 명밖에 되지 않는다. 여러 사람을 만나는 것을 꺼릴 뿐만 아니라, 그 사람들을 제대로 관리할 능력이 없기 때문이다. 물론, 엉덩이에 점이 있는 것까지 알 정도로 친구들과 친하다. 따라서 소음인의 세상은 지방의 세상이라 할 수 있다.

체질마다 장부의 크기가 다르다?

한의학에는 '좌간우폐左肝右肺'라는 말이 있다. 말 그대로 풀이하면 간은 왼쪽에 있고 폐는 오른쪽에 있다는 뜻인데, 해부학에서 볼 때 아주 웃기는 말이 된다. 사람의 간은 오른쪽에 있으며 폐는 양쪽에 있기 때문이다. 그렇다면 틀린 말일까? 제대로 해부를 할 수 없던 때에 나온 엉터리 이론일까?

여기서 주목해야 할 부분은 한의학에서 말하는 간肝은 liver 가 아니며, 폐肺는 lung이 아니라는 것이다. 번역을 할 때 그렇게 번역을 했을 뿐 전혀 다른 개념이다. 마치 미국에서 말하는 football이 우리가 알고 있는 축구가 아닌 것과 마찬가지다. '좌간우폐'는 한의학에서는 아주 정확한 이론이다. 여기서 말한 좌간과 우폐는 간목肝木의 발생하는 기운은 왼쪽에서 상승하고 폐금肺金의 숙강하는 기운은 오른쪽으로 하강한다는 기능성의 개념을 풀이한 말이다.

사상의학에서 말하는 폐비간신은 기존 한의학의 폐비간신과도 다른 점이 많지만, 이 글에서는 편의상 비슷한 개념으로 잡아 설명하겠다.

네 체질마다 각각 발달한 장기가 있고 취약한 장기가 있는데, 태양인은 폐대간소肺大肝小한 체질이어서 뿜어내는 힘은 강한 반면에 끌어들이는 기운은 약하다. 상체가 발달하며 하체는 약해지는데, 호흡기 쪽은 강하고 피로회복이나 해독능력은 좀 떨어진다.

소양인은 비대신소脾大腎小한 체질이어서, 양강한 기운은 강하나 음유한 기운은 약하다. 상체가 발달하며 하체는 약해지는데, 소화기 쪽은 강하고 비뇨생식기 쪽은 약하다.

태음인은 간대폐소肝大肺小한 체질이어서, 끌어들이는 기운은 강하지만 뿜어내는 힘은 약하다. 하체가 발달하며 상체는 약해지는데, 피로회복이나 해독능력은 강하고 호흡기 쪽은 약하다.

소음인은 신대비소腎大脾小한 체질이어서, 음유한 기운은 강한데 양강한 기운은 약하다. 하체가 발달하며 상체는 약해지는데, 비뇨생식기 쪽은 강하고 소화기 쪽은 약하다.

대인관계를 보면 체질을 알 수 있다

동무는 대인관계를 인사人事 즉, 세상의 일이라 했는데 폐비간신의 장부에서 각각 생긴다. 동무는 타고난 천기와는 달리, 인사는 끊임없이 닦고 길러야 하는 것으로 보았다.

한 예로 어떤 모임에 나갔다고 가정해보자. 사람들이 모이면 재치 있는 입담으로 모임을 이끌어가는 사람이 있는가 하면, 보이지 않게 여러 가지 일들을 처리해 모임이 잘 되도록 봉사하는 사람이 있다. 또 있는지 없는지 모르게 묵묵히 모임의 모든 상황을 파악하는 사람이 있는가 하면, 여러 사람들과 있는 자리가 왠지 어색하고 불편해 자꾸 구석으로 도망쳐서 몇몇 사람하고만 말하려 애쓰는 사람도 있다.

태양인의 대인관계는 '사무事務'라 부른다. 태양인은 사람들과 쉽게 친해지는 능력이 뛰어나다. 어느 모임에 가든 독특한 창의력과 번득이는 순발력으로 사람들의 시선을 자신에게 모으며 대인관계를 넓혀간다. 설사 처음 나간 모임이라 아는 사람이 없어도 전혀 망설이지 않고 사람을 잘 사귀고 쉽게 모은다.

단 착한 사람과 악한 사람을 분간하는 재주는 있으나 유능한 사람과 무능한 사람을 분간하는 재주가 없어서, 특별한 기준도 없이 자기 취향에 맞는 사람을 유능한 사람으로 착각한다. 그래서 능력 있는 친구들이 곁에 없다. 더구나 독선적이고 남을 배려하지 않는 거친 성격 때문에 일이 잘못되면 모두 다른 사람 탓으로 돌리니, 그나마 모인 사람들도 하나 둘 떠나가기 쉽다.

소양인의 대인관계는 '교우交友'이다. 희생정신과 봉사정신이 투철한 소양인은 남의 일에 몸을 아끼지 않고 정성을 다해 그 일에 보람을 느끼지만, 자신의 실속을 챙기는 데는 관심이 없어 자신이나 가족에게는 소홀한 경우가 많다. 그러나 네 체질 가운데 가장 부지런하며 발이 넓고 대인관계가 원만하다. 의분이 생길 때는 물불을 가리지 않고 즉시 행동으로 옮기며, 뒤에 일어날 일 따위를 고려하지 않는다. 워낙 강직해서 목에 칼이 들어와도 할 일을 하고 마는 성격이다. 상대가 잘못을 저지르면 화를 내다가도 뉘우치는 모습을 보이면 금방 동정심이 일어 상대를 용서하며 뒤끝이 없다.

태음인의 대인관계는 '당여黨與'이다. 당여는 무리를 지어 끼리끼리만 어울리는 것을 말하는데, 항상 조직을 만들어 관리하며 다른 조직을 배척하는 경향이 있다. 소위 "우리가 남이가?"하고 외치는 사람들이 바로 태음인에 해당한다.

태음인은 집념과 끈기가 있고 점잖으며 묵묵히 일하는 편이지만 바꿔 말하면 외골수에다 고집이 세고, 속마음을 잘 드러내지 않는다고 할 수 있다. 태음인은 게으를 때는 한없이 게을러 움직이려고 하지 않는다. 한 번 움직일 때에는 그 일이 뻔히 잘못된 일인 줄 알면서도 무모하게 밀고 나가려고 한다. 네 체질 가운데 가장 게으른 체질이 태음인이다.

소음인의 대인관계는 '거처居處'이다. 거처는 한곳에 오랫동안 머무르며 사람을 만나는 것을 뜻하며 소음인의 특성을 가장 잘 드러낸다고 할 수 있다. 소음인은 항상 움츠려들기 때문에 쉽게 사람을 만나거나 사귀려고 하지 않고 아주 적은 사람들만 만나기 때문에 많은 사람들 앞에 나서면 불안해 어쩔 줄 몰라 한다. 생각이 많아 남을 오해하기 쉬우며, 한번 먹은 마음 또한 좀처럼 풀지 않고 오랫동안 가슴 속에 담아둔다. 때로는 묵은 꼬투리를 끄집어내어 현재와 연결짓기도 하고 친구 사이에서도 질투가 심하며 이해득실을 잘 따진다.

타고난 재주와 생존본능

사람은 누구나 남들보다 뛰어난 소질을 타고나는데, 이를 '재주'라 부른다. 흔히 "어디, 네 재주껏 한번 해 보아라" 할 때 말하는 재주로, 이는 타고난 능력이라 할 수 있다. 이와는 반대로 위험을 막거나 벗어나기 위한 본능도 지녔는데, 이를 생존본능이라 한다. 생존본능은 항상 사고에 대비해 갈고 닦아야 하는 재능이라 할 수 있다.

태양인은 '주책籌策'의 재주가 있다고 한다. 타고난 판단력과 회전능력이 남들보다 뛰어나, 마치 점을 치기라도 하듯이 그 사물이나 일이 돌아가는 흐름을 한눈에 파악하는 능력이 있다. 태양인의 생존본능은 '식견識見'이다. 이는 자신이 처리해야 할 일이나 상황을 즉각 파악할 수 있는 지식과 눈을 갖추고 있어야 함을 뜻한다.

소양인은 '경륜經綸'의 재주가 있다. 소양인은 임기응변에 능하며 처세술에 강한 재주를 타고났다. 소양인의 생존본능은 '위의威儀'이다. 이는 위기 상황에 닥쳤을 때 바로 대처하려면 평소 주위 사람들에게 의젓하게 위엄을 지켜 그 용맹성을 보여줄 수 있어야 함을 뜻한다.

태음인은 '행검行檢'의 재주가 있다. 태음인은 말과 행동에 무게가 있고 흐트러짐이 없어, 일을 할 때 스스로 제어를 잘한다. 그 자태에 위엄이 깃든 것은 타고난 능력으로 봐야 할 것이다. 태음인의 생존본능은 '재간才幹'이다. 이는 자신에게 어떠한 일이 닥쳤을 때 요령껏 잘 대처하고 해결해 나가려면 각종 재주를 순조롭게 펼쳐나갈 수 있는 근간을 갖춰야 하기 때문에 항상 주의해 갈고 닦아야 함을 뜻한다.

소음인은 '도량度量'의 재주가 있다. 소음인은 모든 일이나 제도와 법칙에 대해서 정확히 정하고 분석하는 능력을 타고났기에 사물의 이치를 분명하게 이해하고 연구할 수 있다. 소음인의 생존본능은 '방략方略'이다. 이는 다가올 위기상황에 대비하기 위해 자로 잰 듯이 정확하게 분석하고 하나하나 빠짐없이 계획을 세우는 능력을 갖추어야 함을 뜻한다.

애노희락에서 병이 온다

서양의학과 한의학의 큰 차이점 가운데 하나는, 건강과 질병을 결정하는 주요한 인자로 마음을 꼽아 그에 대한 원리와 치료방법을 지녔느냐 하는 점이다. 물론, 서양의학도 그 점을 연구해 어느 정도 발전했지만, 아직도 한의학의 체계성 있는 이론에 비하면 상당히 뒤처져 있다고 할 수 있다. 옛부터 한의학에서는 5장 6부의 병을 다스리려면 장부의 기운을 다스리는 것만으로는 부족하기 때문에 반드시 감정을 다스려야 한다고 했다. 동무의 사상의학은 여기에 덧붙여 각 체질의 성정에 따른 질병원리까지 확립해 놓았으니, 가히 마음을 다스려 병을 막고 치료하는 심신의학이라 할 수 있다.

앞서 말했듯 동무는 원래 의학자가 아닌 유학자였다. 그가 사상의학의 원리를 세운 근원을 따라가 보면 사단四端이 나오는데, 이 사단은 다름 아닌 맹자에 나와 있는 인의예지仁義禮智를 말하는 것이다. 이 인의예지를 하늘이 내려준 천성이라고 한다면, 슬픔과 노여움과 기쁨과 즐거움은 인간의 마음이 만들어낸 감정이라 할 수 있는데, 각 체질마다 감정이 한쪽으로 치우치지 않도록 조심해야 한다.

보통 양인체질은 사회의 부조리나 불의를 보면 슬퍼하거나 분노하는 감정을 강하게 나타내고, 음인체질은 질서나 조화를 보면 기뻐하거나 즐기는 감정을 약하게 나타낸다.

태양인은 슬픔과 노여움을 경계해야 한다. 태양인은 화를 낼 때 서서히 내는 것이 아니라, 갑자기 화를 많이 냈다가 금새 가라앉힌다. 이와 반대로, 슬픈 일을 당하면 쉽사리 가슴속 깊이 간직하고 슬퍼한다. 이렇기 때문에 태양인은 오히려 슬픔에 더욱 큰 상처를 입는다. 태양인이 슬픈 일을 빨리 잊지 못하고 가슴 깊이 간직하면 그 때문에 화나는 일을 당할 때, 분노의 감정이 더욱 거칠어진다.

슬픔을 경계해야 하는 태양인은 사람들이 서로 속이는 모습을 보면 그 슬픔을 참지 못한다. 텔레비전 등에서 서로 속이고 사기 치는 사연을 들으면 매우 안타까워한다. 태양인 가운데 혁명가가 많은 까닭은 불의가 판치는 세상을 한 번에 확 엎어버리고 싶은 마음이 불쑥불쑥 올라오기 때문이다. 예전에 한 대학 선배는 술을 마시다가 당시 한국의 민주주의에 어긋난 정치상황과 여러 가지 부당한 일이 화제로 떠오르면, 흥분을 견디다 못해 그만 화장실에 가서 벽을 치며 대성통곡을 하곤 했다. 지금 생각해보면 태양인의 습성이 아니었나 싶다.

소양인 또한 태양인과 마찬가지로 슬픔과 노여움을 경계해야 하는데 태양인과 반대로 재빨리 터뜨리는 것은 슬픔이요, 깊이 간직하는 것은 노여움이다. 소양인은 슬픔이 북받친다는 표현이 어울릴 정도로 슬픈 일을 당했을 때, 감정을 심하게 표현한다. 그러나 슬픔을 빨리 느끼는 만큼 빨리 잊는다. 반대로, 화를 내게 한 사람이나 사건을 잊어버리지 못하고 가슴 깊이 노여워하는데 소양인은 노여움을 더욱 경계해야 한다. 너무 오래 노여워하면 슬픈 일을 당할 때 그 슬픔이 더욱 커져 힘들어진다.

소양인은 사람들이 서로 업신여기고 모욕을 주는 모습을 보면 분노를 참지 못한다. '꽃보다 남자'라는 일본 드라마를 보면 소양인의 전형을 볼 수 있다. 여기서 주인공인 여학생은 자신이 당하는 부당한 일에는 애써 성질을 꾹꾹 누르다가도, 막상 친구가 부당한 폭력이나 이지메를 당하는 모습을 보면, 그만 그 상대가 학교에서 제일 큰 부자에 싸움을 잘하는 남학생이라 해도 앞뒤 가리지 않고 달려들어 주먹을 날린다. 이는 소양인의 분노가 터진 것이라 할 수 있다.

태음인은 기쁨과 즐거움을 경계해야 한다. 태음인은 너무 쉽게 즐거움에 빠지고 또 금방 즐거움을 잊는다. 기쁜 감정은 오래 간직하는데, 기뻐 들뜬 마음을 너무 오래 두면 그로 인해 더욱 쉽게 들뜨기 때문에 기쁨을 더욱 경계해야 한다.

태음인은 사람들이 서로 협력하고 도와주며 오순도순 잘 살면 그 냄새에 취해, 기뻐 어쩔 줄을 모른다. 우리나라 사람들은 해마다 겪는 태풍이나 홍수 등의 재난으로 고통 받는 사람들을 위해 어린 아이부터 할아버지, 할머니까지 모두 나서서 성금을 낸다. 난개발이나 인재에 대한 비난과 수정에 앞서 일단 서로 협력한다. 태음인이 이러한 모습을 보면 기뻐 어쩔 줄을 몰라할 것이다.

소음인 또한 기쁨과 즐거움을 경계해야 하는데, 태음인과는 반대로 쉽게 기뻐하고 즐거움을 오래 간직한다. 소음인의 기쁨은 물밀듯이 밀려온다는 표현처럼 한 번에 쏟아졌다가 이내

그치고 만다. 그러나 소음인이 즐거운 일을 겪으면 그 즐거움을 금방 내보이지 않고 가슴 깊이 두는데 이 때문에 소음인은 즐거움을 더욱 더 경계해야만 한다. 너무 깊이 즐거움을 간직하면, 그로 인해 기쁜 일을 맞을 때 기쁨이 더 커져 판단력이 흐려진다.

소음인은 사람들이 서로 보호하고 따뜻하게 감싸주는 모습을 보면 그 정에 깊숙이 빠져 즐거워 어쩔 줄을 몰라 한다. '스파르타쿠스'라는 영화가 있다. 로마시대에 짐승처럼 취급을 받으며, 로마시민들의 구경거리로 서로를 죽여야만 했던 검투사들이 '스파르타쿠스'라는 영웅적인 검투사를 중심으로 무장폭동을 일으켜 로마를 위협했던 이야기다. 결국 그 반란은 실패로 끝나고 검투사들은 다들 포로로 잡혔는데, 로마군의 대장은 누가 스파르타쿠스인지를 알아내려고 질문을 던졌다. 이때 포로로 잡혔던 검투사들의 반응이 참으로 인상적이었다. 극심한 고통과 죽음을 맞이하게 될 것을 알면서도 서로 자신이 '스파르타쿠스'라고 주장하는 모습은 서로를 보호하고 감싸려는 모습의 극한이었다. 아마도 소음인이었다면 이 장면을 보고 기뻐 어쩔 줄을 몰랐을 것이다.

바탕에 항심이 있다

각 체질마다 변하지 않는 마음이 있는데, 동무는 이를 항심 恒心이라고 정의했다. 이는 마음이 편안한 상태가 깨진, 무언가 균형이 안 맞고 조절이 되지 않을 때의 마음을 일컫는 것으로 각 체질마다 이 항심을 염두에 두어야 한다.

태양인은 급박지심急迫之心이 있다고 한다. 이는, 어떠한 일에 급하게 쫓기는 마음인 조급함을 말한다. 태양인은 다른 체질보다 직관에 의지해 빠르게 파악하기 때문에 일이 빨리 진행되지 않으면 조급해한다. 태양인은 바로 이 급박지심을 자제하고 여유를 부려야 하는데, 만약 어떤 일을 할 때 지나치게 무리를 하면 이 항심이 드러나서 일을 그르치게 되고 건강마저 해치게 된다.

소양인은 구심懼心이 있다고 한다. 즉, 두려워하는 마음을 갖고 있다. 소양인은 자신이 본래 지닌 마음과 행동이나 결과가 맞지 않는 편이다. 소양인은 무슨 일이든지 쉽게 시작하고 재빨리 밀어붙이는 성향이 있다. 여기저기 벌여 놓은 일들을 제대로 마무리 짓지도 못하면서 자꾸 일만 벌이는 습성 때문에 번번이 뒤에 가서 문제가 생긴다. 그러다보니, 항상 무슨 일이 생길까 두려워하게 되는 것이다. 어쩌다 한 두 번이면 몰라도 이런 일이 자주 생기면 점차 마음에 타격을 입어 구심이 점점 커지며, 결국 소양인의 장점을 잃어버리고 소중한 건강마저 해치게 된다.

태음인은 한번 움직이면 은근과 끈기로 묵묵히 자기가 맡은 일을 끝까지 해내지만, 여간해서는 손가락 하나 까닥거리기 싫어한다. 너무 게을러져 사치와 향락에 싫증내지 않는 심한 경우도 있는데 보통 태음인의 항심인 겁심怯心 때문이다.

태음인은 현재 자신이 안주한 상태에 깊이 **빠져** 변화를 거부하고 앞으로 일어날 새로운 일에 매우 조심스럽게 대처한다. 그러나 조심스러움이 너무 지나치면 겁심이 생겨, 아예 아무 일도 하지 못하는 상황에 이를 수 있으므로 겁내지 않도록 주의해야 한다.

소음인의 항심은 불안정지심不安定之心이다. 이것은 말 그대로 불안한 마음을 말하는데, 소음인의 세심한 성격을 다르게 말하면 소심하다고 할 수 있으니, 아주 사소한 일에도 조바심 내고 불안해하는 소음인의 속성을 잘 드러내는 말이다. 항상 세밀히 분석하고 계획하지만 일을 진행할 때에는 불안해하며 과감하게 결단을 내리지 못하고 우물쭈물 망설이기만 하는 체질이 바로 소음인이다. 이렇게 작은 일에도 걱정이 태산이라 소화가 잘 안 되어 항상 억눌린 듯 가슴이 답답해지기 마련이다. 만약, 누가 옆에서 싫은 소리 한 마디라도 하면 덜컥 체해서 소화불량에 걸리고 밥맛이 없어진다면 소음인으로 생각해볼 만하다.

욕심을 버리자

각 체질마다 꺼려야 하는 욕심이 있다. 자칫 잘못하면 이 욕심에 **빠져** 인간관계를 망치고, 나아가 건강까지 해칠 수 있으니 잘 파악해 두고 조심해야 할 것이다.

태양인의 심욕은 방종지심放縱之心이다. 항상 남자다움을

추구하며 자기 멋대로 하려고 한다. 앞으로 나아가려고만 하고 되돌아보거나 물러설 줄을 모르는 경우가 많다. 목에 힘주고 허세를 잘 부리는데, 태양인 남자는 주위 사람들을 무시하고 자신의 남자다운 강함만을 내세우는 소위, '마초' 형이 많다. 이렇게 부드러움이 부족한 상태가 심해지면 모든 일을 제멋대로 하려고 해서 주위에 있는 사람들은 그 사람에게 충고도 하지 않아 어느 누구도 신경 쓰지 않는 소위 '왕따'가 되기 쉽다. 물론, 본인은 왜 그런지조차 모르고 괜히 주위 탓만 해댄다.

소양인의 심욕은 편사지심偏私之心이다. 항상 밖의 일을 좋아하고 가정이나 자신에게는 소홀한데, 이렇게 밖에서만 일을 성취하려 하고 안을 다스리지 않으면, 어떤 일이 중요한지 구분하지 못해 기분에 따라 일을 처리하게 된다. 이러다보면 사고방식이 너무 제멋대로에다 자기 기분에 휘둘려, 남이 보기에 모든 일에 기준이 없고 함께 믿고 일하기 힘들어 보이니 주의해야만 한다.

태음인의 심욕은 '물욕지심物慾之心'이다. 네 체질 가운데 가장 실속을 잘 챙기는 사람이 바로 태음인인데, 자기 일을 잘하고 자기 것을 잘 지키는 것은 좋지만 자기 것에 너무 집착하면 그야말로 탐욕이 되어 버린다. 사치와 향락을 아무리 즐겨도 싫증을 안 내고 물욕에 얽매이기 쉬우므로 조심해야 한다. 흔히, 정치가나 사업가들이 뇌물이나 비자금 횡령으로 심판대에 많이 오르는데, 그들 대부분이 태음인이라는 사실을 생각해보면 물욕지심의 위력을 짐작할 수 있다.

소음인의 심욕은 '투일지심偸逸之心'이다. 자신의 속마음을 드러내지 않고 소심한 성격이 지나쳐 안일에 빠지기 쉽다. 밀고 나가면 크게 이룰 수 있는데도 '혹시 잘못되면 어떡하나' 하는 마음에 금방 포기하고 안주해버린다. 주위환경이나 조건이 어려워지면 헤치고 나가는 일은 꿈도 꾸지 못하고, 더욱 움츠러들어 조그마한 모험도 하지 않는다. 모험을 안 하는 것은 아무것도 하지 않는 것과 같으니, 이 안일한 마음이 소음인의 심욕인 것이다.

체질마다 어울리는 직업은 뭘까

태양인은 눈에 광채가 있다. 머리가 명석하며 독창성과 창의력이 뛰어나 남이 생각하지 못하는 독특한 것을 연구하며 발명하기도 한다. 따라서 발명가나 연구가 같은 직업이 적합하다. 또한 자존심이 강하고 진취성과 영웅심이 강하기 때문에 혁명가나 영웅은 보통 태양인들이 많다.

아무리 낯선 일에도 자신이 있어 행동이 시원시원하며 낯선 사람과도 쉽게 친해져 거래나 영업을 할 때 매우 유리하다. 그러므로 회사에서 부서로 말한다면 영업부에 적합하며 해외로 나갈 때에도 두말할 것도 없이 단연 선발대장감이라 할 수 있다. 만약 사업을 한다면 어려움이 많아 남들이 쉽게 나서지 않는 낯선 일을 선택하는 것이 좋다. 다른 체질은 머뭇거리며 제대로 못해 낼 일도 거뜬히 성공할 자질이 있기 때문이다. 사람을 쉽게 모으고 일을 두려워하지 않는 장점을 지녀 새로운 사업을 개척하는 데 유리하다. 태양인은 사업가의 기질을 타고났다고 할 수 있다.

소양인은 밖을 좋아하고 가정이나 자신의 일에는 소홀하지만 다정다감하고 봉사정신이 강하며 명예를 소중히 여기기 때문에 경찰이나 공무원 같은 직업이 적당하다. 이해관계에 따라 믿음이 흔들리거나 욕심에 눈이 멀어 실속을 챙기는 일 따위가 없기에, 이들 직종에 가장 적합하다고 할 수 있다.

네 체질 가운데 가장 욕심이 적어서 회사에서 부서로 말하면 감사부나 회계부가 적합하다. 감찰업무를 엄하게 하고 수금이나 지출과 같은 회계업무를 맡기면 금전사고를 줄일 수 있다. 거기다가 부지런하고 충직해서 상사의 총애를 받는다.

소양인은 일을 잘 벌여놓지만 조직을 만들거나 마무리하는 능력이 매우 부족하다. 또한 성질이 급해 실수가 많고 끈기가 없어, 어려움에 처하면 쉽게 포기하기 때문에 사업가의 자질은 뛰어나다고 보기 어렵다. 그러나 남들이 보기에 행동에 법도가 있어 보이고 신용이 있으므로 교육 사업이나 금전신용 사업은 고려해볼 만하다.

태음인은 의젓하고 마음이 너그럽고 활동성이 높아 인격자로 모든 사람의 추앙을 받는다. 또한, 자기 실속을 잘 차리며 자기 일과 남의 일을 잘 구분해 욕심이 많아 보이지만 자기가 맡은 일은 끝까지 책임지는 장점이 있다. 말재주가 없어 논리가 부족해도 자기 나름대로 합당한 이유를 두고 말을 한다. 이런 이유로 정치가들 가운데 태음인인 경우가 많다.

태음인은 어떤 일을 정해서 끈기 있게 추진해 나가는 능력이 누구보다 뛰어나다. 회사의 부서로 말하면 총무부에 적합하다고 할 수 있는데, 총무부 일은 단조로우나 태음인은 오히려 속편하게 생각하기에 업무의 효율도 높일 수 있다. 남 보기에는 별 가망이 없어 보이는 일도 포기하지 않고 묵묵히 하기 때문에 사업가로서 큰 장점을 지녔고, 큰 기업체를 운영하는 사람 가운데 태음인이 가장 많다. 독창성이나 진취성은 모자라 벤처사업에는 어울리지 않으며, 오히려 남들이 다 하는 흔한 사업에 재주가 있다. 그러나 원래 부지런하고 재빠른 성격은 아니므로 변화무쌍한 사업에는 손대지 않는 것이 좋다.

소음인은 대체로 아담하고 몸의 균형이 잘 잡히고 얌전하고 온화한 인상을 지녔으며 미남미녀가 많다. 또한, 세심하기 때문에 소음인 여자인 경우에는 꼼꼼하게 집안 살림을 잘 한다. 깔끔하고 착실하며 아기 잘 낳고 모든 일에 치밀하고 집안에 머무는 것을 좋아해 그야말로 알뜰한 가정을 꾸미는 전업주부의 표상이라 할 수 있다. 또한, 신중하고 침착하며 머리가 총명할 뿐더러 예의도 발라 학자나 연구가가 직업으로 적합하다.

소음인은 남을 배려할 줄 알기 때문에 사람을 모으는 재주가 있다. 태양인과는 달리 사람의 능력 여부를 분간할 줄 알기 때문에 사람을 모아도 필요한 사람을 모은다. 회사의 부서로 말하면 인사부나 기획부에 적합하다고 할 수 있는데, 큰일을 추진할 때 필요한 것들을 마련하고 적임자를 배치하고 예상되는 난관에 대비책을 세우고 수입과 지출의 균형을 맞추는 일들에 유능하다.

소음인은 분석하고 계획을 세우는 일에는 뛰어나지만, 필요한 때에 제대로 된 결정을 내리지 못하며 모험을 아주 싫어한다. 때문에 사업가 기질과는 좀 거리가 멀다. 좀처럼 현재의 안전한 직장을 버리고 사업에 뛰어들 체질은 아니지만, 만약 충분히 조사해서 사업을 시작하면 실패하는 일은 적다. 물론, 큰 이익을 보지도 못한다. 그러나 아무리 대책이 안서도 그냥될 대로 되라는 식으로 행동하지 않기에, 철저한 판단이나 분석력이 필요한 소규모의 사업 분야는 고려해볼 만하다.

병증으로 내 체질을 판별해보자

  동무는 일찍이 '人物形容 仔細商量 再三推移 如有迷惑 則參互病證'이라 했다. 이는, '체형과 용모로 체질판정을 두 세 번 시도해도 계속 헤맬 때는 그 병증을 참고해야 한다'는 뜻이다. 체질판정을 할 때 병증의 중요성을 강조한 것이다. 또한 동무는 '明知其人 而又明知其證 則應用之藥 必無可疑'라고 했다. 체질 약을 사용하려면 그 사람뿐만 아니라 그 병증까지도 반드시 알아야 한다는 뜻인데, 이는 병증 파악의 중요성을 강조한 것이다.

  사상의학에서는 같은 증상이 어떤 사람에게는 병의 징표일 수 있고 어떤 사람에게는 건강의 징표가 될 수 있다. 체질마다 각각 특유한 질병의 징후와 경과가 있다. 태음인에게 허한 땀이 나면 건강의 징표이지만 소음인에게 허한 땀이 나면 병의 징표가 된다.

이러한 체질병증은 보통 3단계로 나누어 설명한다. 완실무병·대병·중병, 이 세 가지이며 병이 점점 심해지는 정도로 보면 된다. 또한 병증은 네 가지 요소의 증상으로 파악할 수 있다. 대변·소변·땀·소화기능, 이 4가지 상태를 관찰해 봄으로써 어느 정도 체질병증을 판별해 볼 수 있다.

이럴 때는 건강한 것

체질마다 건강할 때의 신체조건이 다른데 동무는 이것을 '완실무병完實無病'의 조건이라고 했다. 이 완실무병은 체질을 판정할 때 주요 조건으로 삼기도 한다. 자신의 건강이 나빠질 때에는 항상 이 조건에 이상이 오기 때문이다.

태양인은 소변을 많이 잘 보면 건강하다. 건강할 때에는 소변이 잘 나오다가 몸이 아플 때, 소변보기가 힘들어지면 자신의 체질을 태양인으로 판단할 수 있다.

소양인은 대변을 잘 보면 건강한 상태다. 건강할 때는 대변을 잘 보다가 몸이 아플 때에 변비부터 나타난다면 자신의 체질을 소양인으로 판단할 수 있다.

태음인은 땀이 잘 나면 건강하다. 평소에 몸을 조금만 움직여도 땀을 흘리고, 심지어 겨울철에 따뜻한 음식만 먹어도 땀투성이가 되는 사람이 바로 태음인이다. 특별한 병이 없는데

도 땀이 많은 사람이라면 태음인일 가능성이 높다고 할 수 있으니, 몸이 안 좋을 때 갑자기 땀이 나지 않는다면 태음인으로 생각해도 좋을 것이다.

소음인은 소화가 잘 되면 건강하다. 소음인은 비위의 기운이 허약한데, 소화가 잘 되면 건강하지만 아플 때는 소화불량이 일어난다. 음식을 보아도 먹고 싶은 생각이 없고 먹어도 가슴이 그득하면 소음인으로 판단할 수 있다.

이럴 때는 병이 나는 것

질병이 생기는 징후가 체질마다 다른데, 동무는 이것을 '대병大病'이라 불렀다. 대병이란 글자 그대로 풀이하면 '큰 병'이란 뜻이지만, 여기서는 체질병증을 뜻하며 아직은 병의 초기 상태를 말하는 것으로 심한 중병까지 가지 않은 경우를 말한다.

태양인은 입에서 침이나 거품이 자주 나오면 대병이다. 그대로 놓아두면 곧 심한 중병으로 변할 수 있으므로 바로 치료를 받아야 한다.

소양인은 대변보기가 힘들면 대병이다. 소양인이 대변을 잘 못 누면 다른 증상은 볼 것도 없이 대병으로 보고 즉시 치료해야 한다. 특히, 소양인은 병의 진전이 빠르므로 빨리 대처하지 않으면 금방 병이 악화될 수 있다.

태음인은 피부가 야무지고 단단해져 땀이 나오지 않으면

대병이다. 예를 들어, 태음인이 감기에 걸리면 평소에 잘 나던 땀이 오히려 나지 않는데, 이런 경우 땀을 내주면 감기가 낫는 다. '소주에 고춧가루를 풀어 마시고 땀 한번 푹 냈더니 감기 가 나았다'라고 말하는 사람들은 태음인일 가능성이 높다.

소음인은 땀을 많이 흘리면 대병이다. 평소에는 땀이 잘 안 나지만 몸이 허해지면 땀이 줄줄 흐른다. 태음인과는 달리 허 한 땀이 나오면 병이 이미 퍼진 것이니 서둘러 치료해야 하는 데, 만약 태음인 흉내를 낸답시고 사우나나 찜질방에 가서 땀 을 푹 냈다가는 금세 병이 악화될 것이다.

이럴 때는 병이 깊어진 것

체질마다 위험하거나 고치기 힘든 병이 있는데, 동무는 이 를 '중병重病'이라고 했다. 중병에 이르렀다면, 이미 상태가 심 각하거나 고질병이 된 것이지만 증세가 심해지기 전까지는 그 증세가 잘 나타나지 않아 보통은 건강한 사람처럼 보인다.

태양인에게 열격증과 반위증, 해역증이 중병이다. 열격증은 음식물을 넘기기 어렵고 넘어갔다 해도 위까지 내려가지 않아 이내 토하고 마는 증상이며, 반위란 음식을 먹으면 명치 아래 가 불러오고 그득해 시간이 지나면 토해내는 증상이다.[16] 해 역은 온몸에 권태감이 심해지고 움직이기 싫어하며 다리가 풀 리고 몸이 여위어 말하기도 힘들어하는 증상이다. 동무는 이 질환들을 오랫동안 앓았다. 수많은 한의사들이 제대로 치료를 하지 못하자 그 동안 얻은 경험으로 사상체질의학을 창시한 것이다.

소양인은 대변을 2~3일만 못 보아도 가슴이 답답하고 고통스러워지면 중병이다. 아직 변비가 없다면 크게 걱정할 정도는 아니지만, 변비까지 진행이 되면 치료를 서둘러야 한다. 소양인은 대변을 오래 못 보면 가슴이 뜨거워지는 증세를 보이는 것이 특징이다.

태음인은 설사병이 생겨 소장의 중초가 꽉 막혀서 마치 안개가 낀 것처럼 답답하게 느껴지면 중병이다. 몸 상태가 나빠지면 잘 흐르던 땀부터 멈추고 몸의 수분이 빠져나가지 못해 수액대사가 꽉 막혀 몸이 답답해진다. 몸의 순환이 막혀 열 조절이 제대로 안 되면 중풍과 같은 위험한 병으로 발전할 가능성이 매우 높아진다. 그리고 태음인은 땀이 나더라도 땀방울이 굵고 좀 오래 있다가 들어가야 좋은 법이다.

소음인은 설사가 멎지 않으면서 아랫배가 얼음장같이 차가워지면 중병이다. 보통 소음인은 비위가 허약해 위장이 약하기 때문에 위장에 병이 잘 나는데, 평생 위장병을 지고 살아가다시피 하는 사람은 소음인일 확률이 높다. 설사 다른 병이 났다 하더라도 만약 위장증상이 없다면 크게 염려하지 않아도 되니, 소음인이라면 설사를 하는지 꼭 살펴야만 한다.

무병장수하는 방법도 각각 다르다

　인류가 멸망하지 않는 한, 영원히 연구할 과제가 바로 질병 없이 건강하게 오래 사는 것이다. 이미 질병에 걸린 뒤에 뒤늦게 치료하려고 애쓰는 것 보다는, 평소에 생활습관을 올바르게 가져 아예 질병에 걸리지 않고 행복하게 사는 것이 가장 좋은 일임은 두말할 나위가 없겠다. 따라서 사상체질마다 자신의 체질에 알맞는 건강관리법과 양생법을 익히는 것은 매우 중요한 일이다.

운동이 최고의 보약이다

　나는 전에 조선시대 스물일곱 명의 왕들의 건강법에 대해 글을 쓴 적이 있다. 왕들의 생활은 우리 현대인들의 생활과 너무도 비슷하다. 왕들은 운동부족과 영양과잉, 과도한 스트레스로 현대인들이 앓고 있는 고혈압, 당뇨, 중풍과 같은 성인병들을 달고 살았으며, 평균수명은 고작 46세였다. 그런데, 그 가운데 60세가 넘도록 장수한 왕들이 여섯 명이 있는데, 이 왕들의 공통점은 바로 '운동'이다. 운동은 어떠한 보약보다도 좋은 건강관리법이라 할 수 있다. 각 체질마다 적합한 운동을 찾아 꾸준히 하는 것이 좋다.

태양인은 몸 상태가 나빠지면 근육이 허약해져 다리가 풀리는 증상이 생길 수 있기 때문에 근육을 강화하는 운동으로 수영이 적합하다. 관절에 무리를 주지 않으며, 열성 체질인 태양인의 열을 식혀주기 때문에 더욱 좋다.

소양인은 상체보다 하체가 허약한데, 하체의 기능을 단련할 수 있는 인라인스케이트나 사이클 운동이 적합하다. 원래 행동이 민첩하고 날렵하기 때문에 운동을 좋아하는 편이지만, 인내와 끈기가 부족해서 쉽게 포기하는 경우도 많다. 따라서 빨리 승부를 낼 수 있는 운동이 적합하며 승부를 내는 상대가 있는 운동이 더욱 좋다.

태음인은 몸의 순환이 잘 되지 않고 움직이는 것을 지극히 싫어하는 체질이기 때문에 억지로라도 운동을 해서 순환이 잘 되도록 해야 한다. 특히 땀을 많이 낼수록 몸에 좋으므로 등산이나 조깅, 오래걷기처럼 지구력이 필요한 운동이 좋다. 바로 눈앞의 상대를 이기는 것보다는 자신의 기록 갱신에 재미를 느끼기 때문에 기록을 단축하는 운동이 적합하며, 무리 지어 다니는 것을 좋아하므로 동호회에 가입해 함께 운동하는 것이 바람직하다.

소음인은 남과 어울리는 것을 싫어하며 집안에 가만히 앉아있기를 좋아하므로 활발한 운동보다는 조용하게 순환을 촉진시켜주는 요가나 스트레칭, 단전호흡이 몸에 맞다. 소음인은 격렬한 운동보다는 가벼운 산책을 하고 명상을 하는 것이 좋다. 만약 근육강화운동을 하고 싶다면 주로 상체 운동을 하는 것이 좋다.

술도 잘 마시는 체질이 있다

태양인은 간이 약한 체질이어서 술이 잘 받지 않고 술을 그다지 좋아하지 않는 편이다. 어쩔 수 없이 마시더라도 그리 도수가 강하지 않은 생맥주가 적당하며, 이 또한 많이 마시지 않는 것이 좋다.

건강이 안 좋을 때 오히려 술을 마시려고 하는데, 이때 마시면 화를 많이 내고 다른 사람의 의견을 무시해서 적을 많이 만들게 된다. 따라서 태양인은 건강 뿐 아니라 인간관계를 위해서라도 술은 피하는 것이 좋다.

소양인은 열이 많아 몸 안에 열을 돋우는 술은 잘 안 맞는다. 어쩔 수 없이 마실 때에는 차갑고 도수가 낮은 생맥주 정도가 적합하다. 양주나 소주 같은 독한 술을 많이 마시면 몸

안에 열이 쌓여 가슴에 번열증이 생기거나 종기와 같은 피부병이 쉽게 생긴다. 또한 특이하게도 술을 마시면 변비가 생기기 쉬우니 소양인들은 되도록 술을 피하는 것이 좋다.

태음인은 간 기능이 좋아서 술을 잘 해독할 뿐만 아니라 식성이 좋은 편이어서 다른 체질보다 술을 잘 마시며 한번 마실 때 남들보다 많이 마신다. 모든 술을 잘 마시지만 평소에 설사를 자주 한다면 찬 맥주는 피하는 것이 좋다. 또한 간은 강하지만 폐는 약하기 때문에, 술을 마시고 술기운에 취해 체온조절을 제대로 하지 않으면 감기에 걸리므로 주의해야 한다.

지나침보다는 차라리 모자람이 더 낫다는 '과유불급過猶不及'은 바로 태음인과 술의 관계를 잘 보여준다고 할 수 있다. 태음인은 남들보다 튼튼한 간을 믿고 몸을 사리지 않아 술을 많이 마시기 때문에 오히려 건강을 해치는 경우가 많다. 태음인이 간 질환을 많이 앓게 되는 까닭은 간을 너무 믿기 때문이다. 태음인은 항상 중용의 도를 잊지 말아야 한다.

소음인은 비위가 약하면서 몸이 냉한 체질이라 차가운 술이 안 맞지만 따뜻한 술은 조금씩 먹어도 된다. 따라서 어쩔 수 없이 술을 마셔야하는 상황이라면 도수가 높은 따뜻한 술이 더 어울린다고 할 수 있다.

소음인은 다른 체질보다 위장이 약하기 때문에 과음을 하면 구토나 설사가 난다. 설사가 나면 순식간에 병이 커질 수 있으므로 치료를 서두르는 것이 좋다. 흔히 술에서 깨기 위해 사우나나 찜질방에 가지만, 소음인이 사우나에 가면 기운이 더 빠질 뿐만 아니라 자칫 잘못하면 쓰러질 수도 있으니 조심해야 한다.

성생활 유형에 따라 속궁합도 달라진다

태양인은 형식에 얽매이지 않고 자기 멋대로 생각하고 행동하며, 성생활도 이와 비슷하게 나타난다. 몸으로 하는 사랑은 배척하고 마음으로 하는 사랑만 추구하는 경향이 있다. 그와 반대로 너무 몸에 집착하고 다양한 체위를 추구하며, 심한 경우에는 변태 기질을 보이기도 한다.

태양인은 하체가 약한 체질이라서 오랫동안 시간을 끌지 못한다. 보통 자기중심의 성생활을 하고 섬세하고 부드러운 애무나 사랑의 속삭임을 나누는 경우가 드물어 소음인 체질의 배우자와는 문제가 많이 생길 수 있다.

소양인은 신장의 음기는 부족하지만 허화虛火가 동하기 쉬운 체질이어서 성충동이 자주 일어난다. 식탁에서 밥을 먹다가도 눈이 마주치면 바로 침실로 간다. 성에 대한 호기심도 많고 그다지 내숭을 떨지도 않으며 거리낌 없이 마음을 내보인다. 다만 신장이 약하고 성격이 조급해 사랑을 오래 나누지는 못하며, 대부분 속전속결로 끝나거나 조루 증상이 나타나는 편이기에 소음인 체질의 배우자와는 상당히 문제가 많이 생긴다.

태음인은 우직한 뚝심이 있으며 일단 자기가 해야 하는 일은 밤을 새워서라도 묵묵히 해치우는 끈기와 지구력을 지닌 체질이라 쉽게 동하지는 않는다. 하지만 일단 시작하면 무섭게 돌진해 푹 빠져드는 소위 '변강쇠' 형이다.

태음인은 별다른 기교는 없어도 끈기와 힘을 바탕으로 성생활을 유지하는 편이다. 따라서 배우자가 같은 태음인 체질일 때가 제일 문제가 많이 생긴다. 둘 다 사랑의 속삭임이나 기교 없이 묵묵하게 하나의 의식처럼 사랑을 나누며, 보수성이 강해 무미건조한 성생활을 하기 쉽다.

소음인은 신장 기능이 발달해 성에 대한 풍부한 감성과 능력이 있는 편이다. 성생활을 위해 책을 사다보고 영화를 보면서 연구하는 형이 바로 소음인이다. 계획을 세우고 이에 따라 차근차근 밟아나가며 실행하는 편이어서 자신이 알고 공부한 모든 방법들을 써가며 성생활을 하기에 태양인이나 소양인과 같은 체질의 배우자는 짜증을 내기 쉽다고 할 수 있다.

비만도 체질마다 다르다

옛날에는 헐벗고 굶주려서 질병을 얻는 경우가 많았지만, 요새는 너무 많이 먹어 영양과잉으로 질병을 얻는 경우가 많다. 그 대표적인 예가 비만인데, 비만은 이제 하나의 큰 질병으로 보아야 할 정도가 되었다.

살이 찌느냐, 빠지느냐는 사실 인체에 들어오는 양量과 나가는 양 가운데, 어느 쪽이 더 많은지로 판가름 되는 간단한 문제다. 예를 들어 아무리 조금 먹어도 몸에서 소모되고 배출되는 양이 그보다 더 적으면 오히려 체중이 증가할 것이고, 아무리 많이 먹어도 운동량이 훨씬 더 많아 소모되고 배출되는 양이 더 많다면 저절로 살이 빠질 것이다. 따라서 체질마다 살이 찌는 유형을 분석해보면, 보다 효과적인 다이어트 방법을 알 수 있다.

태양인은 비교적 화가 많기 때문에 비만인 경우가 많지는 않다. 다만 상체가 발달하고 하체가 약해지는 체질이기 때문에 어느 정도 상체비만이 오는 경우는 있을 수 있다. 담백한 음식을 주로 먹고 하체를 강화시키는 운동을 하면 도움이 될 것이다.

소양인은 성질이 급하기 때문에 소위 '열 받으면' 안 되는 체질이다. 무언가 억울하고 답답한 상황에 억눌려 스트레스를 받게 되면 남들보다 훨씬 더 몸의 열이 증폭되고, 그런 열을 먹는 것이나 자는 것으로 풀어버리면 비만이 될 수 있다. 소위 스트레스성 비만이 되는 것이다. 변비가 생기지 않도록 대변을 잘 풀어주는 것이 비만을 예방하는 방법이기도 하다.

태음인은 비만형 체형이라고 부를 만큼 가장 비만이 되기 쉬운 체질이다. 먹는 양에 비해 소모되는 양이 항상 부족하기 때문에, 필수적으로 운동이 필요한 체질이다. 매일 땀이 날 정도로 운동을 해서 순환을 도와주고 노폐물을 제거해주지 않으면 금방 금방 몸에 축적이 되기 때문에 항상 비만을 걱정해야만 한다. 태음인에게 고혈압이나 동맥경화, 중풍 등의 질환이 많이 생기는 이유가 바로 이 때문이다. 따라서 태음인은 건강을 위해서라도 항상 비만과의 전쟁을 해야만 한다.

소음인은 주로 부분 비만으로 하체만 축적되는 경우가 대부분이지만, 오랜 동안의 잘못된 생활습관이나 질병 등으로 인해 전체비만이 되는 경우도 가끔은 있다. 주로 몸이 냉해 제대로 순환이 되지 않고 소화를 못시켜 비만이 되는 경우가 많기 때문에 몸을 따뜻하게 만들어 순환이 잘되게 만드는 방법이 주요한 다이어트 효과를 낼 수 있다. 흔히 하는 숙변제거나 이뇨제 등을 사용한 다이어트는 몸에 심각한 부작용을 초래할 수 있으므로 반드시 피하는 것이 좋다.

체질마다 특히 조심해야 할 것들

태양인은 특히 술을 조심해야 한다. 태양인은 모든 일을 마음 내키는 대로 하는 체질이기 때문에, 일이 기분대로 잘 풀리면 자신이 잘나서 모든 것이 잘 이루어진 양 자신에게 도취해 술을 찾는다. 만약 일이 잘 안 풀리면 그 원인을 찾을 생각은 않고 오히려 주위에 분노하며 술을 마시기 때문에 술을 제일 조심해야 한다. 태양인은 술을 마시면 마실수록 자기도취가 더욱 심해지고 다른 사람을 멸시해 점점 주위에 적을 만든다. 태양인은 술을 아예 마시지 않는 것이 가장 좋다.

소양인은 특히 호색해서는 안 된다. 비뇨생식 쪽이 약하기 때문에 함부로 탐닉해서는 안 되는데 신장의 음기는 부족하고 허화가 쉽게 동해 자꾸 성욕이 커져 몸을 상하기 쉽다. 자칫 성욕이 자주 일어나는 것을 정력이 강한 것으로 잘못 판단해 더 탐닉할 수 있으니 소양인은 각별히 주의해야만 한다.

태음인은 특히, 재물을 조심해야 한다. 태음인은 현실에 안주하는 것을 좋아해서 자칫 돈벌이나 재물의 유혹에 빠져들기 쉽다. 정치가나 사업가가 재물의 유혹에 빠져 신세를 망치는데, 우물 안 개구리처럼 자기의 좁은 세계가 전부인 줄 알고 사치와 향락에 빠지게 되는 것이다. 따라서 태음인은 재물에 대한 욕심을 버리려고 계속 노력해야 한다.

소음인은 권세를 좋아해서 파벌을 만들고 권력에 욕심을 내는 편이다. 또한 한번 권력에 맛을 들이면 권한을 남용하거나 독재하기 쉬운데, 인간관계가 좁아 뜻이 맞는 몇몇 사람만 만나게 된다. 때문에 소음인은 권세에 대한 욕심을 버리고 인간관계를 넓히려고 노력해야 한다.

체질마다 추구해야 할 보배

우선 '보명지주保命之主'라는 말의 뜻부터 알아야 할 것이다. 보명지주는 좁은 의미로는 생명을 유지하고 보존하기 위한 주요한 기운, 넓은 의미로는 체질적 성품과 생리 병리 현상을 완충시키며 조절해나가는 주요한 기운이라고 할 수 있다.[17]

체질마다 그 보명지주의 작용원리가 조금씩 다른데, 태양인과 태음인은 기액지기氣液之氣 대사의 호흡기운으로 반대속성을 가지며, 소양인과 소음인은 수곡지기水穀之氣 대사의 한열 기운으로 반대속성을 가진다. 여기서 기액지기는 호산呼散과 흡취吸聚의 문제로 안과 밖, 겉과 속의 관점으로 보게 되며, 수곡지기는 한열寒熱과 청탁淸濁의 문제로 위와 아래, 오르고 내림의 관점으로 보게 된다. 각각의 체질마다 보명지주를 기르는 방법은 다음과 같다.

태양인은 호산지기가 너무 강해 항상 배출하려고 하고 나아가려고만 하기에, 흡취지기가 보명지주이다. 병리 증상도 입으로 침 거품이 자주 넘치고 먹은 음식이 도로 올라오는 증상이 나타난다. 따라서 과도하게 넘치며 발산되는 기운을 갈무리하고 저축시키기 위해 들이마시고 모으는 기운이 제일 중요하다. 더운 음식보다는 비교적 차갑고 싱싱한 음식이 좋으며, 특히 담백하고 지방질이 적은 해물류나 채소류가 보명지주를 기르는 데 도움이 될 것이다.

소양인은 몸에 화와 열이 너무 강해 성격도 급하고 외향적이므로, 음청지기陰晴之氣가 보명지주이다. 병리 증상도 건망이나 변비 같은 증상이 생기는 것이다. 따라서 비위에 과도하게 넘치는 화열의 기운을 가라앉히는 것이 제일 중요하다. 소양인 역시 싱싱하고 차가운 음식이나 채소류와 해물류가 적합하고 소위 보음하는 음식이 보명지주를 기르는 데 도움이 될 것이다.

태음인은 흡취지기가 너무 강해 좀처럼 움직이려고 들지 않고 순환이 잘 되지 않아 배출을 못 시키는 경우가 많기에,

호산지기가 보명지주이다. 병리 증상도 가슴이 두근거리거나 아무리 운동을 해도 좀처럼 땀이 나지 않게 되는 경우가 많다. 따라서 너무 안으로 축적되어 있는 기운을 뱉어내고 밖으로 발산시키는 것이 제일 중요하다. 습담을 풀어 밖으로 배출시켜 주는 음식인 견과류 등이 보명지주를 기르는 데 도움이 될 것이다.

소음인은 차갑고 냉한 기운이 너무 강해 여성적이고 소극적인 경우가 많기에, 양난지기가 보명지주이다. 병리 증상도 식은땀을 흘리거나 배탈 설사 또는 아랫배가 차가운 증상을 호소하는 경우가 많다. 따라서 차가운 속의 기운을 따뜻하게 데워주고 소화를 돕는 기운이 제일 중요하다. 비교적 따뜻하고 소화가 잘되는 음식이 이러한 보명지주를 기르는 데 도움이 될 것이다.

체질에 맞는 약차를 마셔보자

언제부터인가 식사를 하고나면 으레 차 한 잔을 마시는 풍습이 생겼다. 후식으로 마시는 차일 뿐이지만, 오랫동안 지속적으로 복용하면 한약만큼이나 효과를 발휘할 수도 있다. 더구나 각각의 체질에 맞게 먹는다면 더 도움이 될 것이다. 물론 한두 잔 정도로는 그다지 몸에 영향을 끼치지 않지만, 집에서 오랫동안 마실 계획이라면 반드시 주치 한의사와 상담을 한 후에 차를 결정하는 것이 좋다. 『동의보감』에서는 각각의 병증에 따른 단방약들을 제시하고 있는데, 바로 이것이 달리 말하면 약차라 할 수 있는 것이니, 약차는 이미 하나의 탕약으로 보아도 무방하다.

태양인은 체질적으로 화가 많으니, 시원하고 맑으며 담백한 성질의 한방약차를 마시는 것이 좋다. 근골이 약해지기 쉬우므로 근골을 강화시키는 약차 또한 좋은 효과를 볼 수 있다.

대표적인 태양인 약차로는 오가피차나 솔잎차, 모과차 등을 들 수 있다. 오가피차는 근골을 튼튼하게 만들고, 솔잎차는 화를 가라앉히며 기운을 맑게 해 준다. 모과차는 근육에 힘을 길러주고 감기에도 좋은 효과를 나타낸다.

소양인은 열이 많고 급한 체질이니, 차갑고 시원한 성질을 지닌 약재가 좋다. 특히 하초가 약하기 쉬우므로 음기를 보강하는 한방약차를 마시는 것이 좋다.

대표적인 소양인 약차로는 산수유나 구기자, 결명자차 등이 있다. 산수유차는 열을 내려주며 진액생성을 도와주고, 구기자차는 하초의 기능을 강화시켜 성기능강화에도 도움이 된다. 결명자차는 허열을 식혀주며 눈을 맑게 해 주는 효능이 있다.

태음인은 체질적으로 순환이 잘 되지 않아 비만하기 쉬우며 혈압이 높은 경우가 많아 소위 당뇨나 중풍과 같은 성인병에 걸리기 쉽다. 따라서 습과 담, 그리고 열을 제거시켜주는 성질의 한방약차를 마시는 것이 좋다.

대표적인 태음인 약차로는 맥문동·천문동차나 율무차, 칡차 등이 있다. 맥문동·천문동차는 태음인의 약한 호흡기능을 강화시켜주고 진액을 보충해 주는 효능이 있다. 율무차는 습담과 노폐물을 제거해 몸을 가볍게 만들어준다. 칡차는 뭉친 기운을 풀어주며 목이 뻣뻣한 증상이나 감기 등에도 효능이 있다.

소음인은 몸이 차고 위장의 기운이 약해 소화불량에 잘 걸리는 편이다. 따라서 따뜻한 성질의 약재로 한방약차를 마시는 것이 좋다.

대표적인 소음인 약차로는 인삼차나 대추차, 계피차, 생강차 등이 있다.[18] 인삼차는 소음인에게 가장 좋은 명약으로 원기를 보충해주며 소화를 잘 되게 해 주고 손발과 배를 따뜻하게 해 준다. 대추차는 마음을 안정시켜주며 진액을 보충해 주고 비위의 기능을 강화시켜준다. 계피차는 감기를 막아 주고 손발을 따뜻하게 해 준다. 생강차는 뱃속을 데우며 혈액순환을 좋게 만들어 감기에도 좋다.[19]

두 체질이 알쏭달쏭할 때

　체질을 알고 싶어 한의원에 가더라도 정확하게 한 체질을 꼭 집어서 말하는 걸 아주 싫어하는 한의사를 만나면, 체질 판별을 받지 못하고 몇 가지 체질의 가능성만 듣게 된다. 또한 여러 가지 책이나 인터넷을 통해 스스로 감별해 보아도 보통 두 가지 체질 가운데 헷갈리는 경우가 많다.

　『동의수세보원』을 보면 이렇게 두 체질 가운데 혼동하기 쉬운 부분들에 대한 해결방법을 언급해 놓은 구절이 있다. 동무 이제마가 생각하기에도 비슷한 두 체질 사이에서 결정하기 어렵다고 생각한 것 같다. '少陽人 或有短小靜雅 外形恰似 少陰人者　觀其病勢　寒熱仔細執證　不可誤作　少陰人治'

와 '太陰少陰人 體形 或略相彷佛 難辨疑似 而觀其病證則必無不辨'의 두 구절이 이에 해당한다. '소양인과 소음인이 작고 단아한 외모를 지녀 서로 분간하기 어려우면 그 병증을 보고 분간하고, 태음인과 소음인이 비슷한 외모일 때도 그 병증을 보고 서로 구분해야 한다'로 풀 수 있다. 이는 외모로 구분하기 힘들 때는 병증을 보고 판단해야 함을 뜻한다.

그러나 그렇다고 해서 모든 걸 무시하고 병증만으로 체질을 판정하는 것도 옳지는 않다. 동무는 열격증이라는 병증은 태양인의 중병에 해당하는 병증이지만, 소음인 노인에게도 열격증이 나기 때문에 열격증이라고 해서 무조건 태양인으로 오인해서는 안 된다고 말했다. 따라서 모든 부분을 종합해 구분하는 방법이 가장 좋다.

태음인과 소양인

태음인은 변비에 걸리기 쉽고 변비가 있어도 병이라고까지 할 수 없는데, 소양인은 대변을 잘 보면 건강하고 못 보면 병이라고 할 수 있을 만큼 변비가 병의 뚜렷한 징표가 된다.

태음인과 소양인 모두 모임을 좋아해도 의리파인 소양인은 그때 기분에 따라 만나지만, 예의파인 태음인은 치밀하게 준비해 의무감을 갖고 만나는 경우가 더 많다.

태음인과 소양인 모두 평소에 왕성히 활동한다 해도 위급한 상황에 닥치면 대처방법이 달라진다. 태음인은 정말 위급한 때에는 모든 걸 멈추고 가만히 웅크린 채 사태를 파악하며 주위에 손을 벌리는 경우는 드물다. 그러다 때를 놓치기도 하지만 함부로 움직여 일을 그르치는 것을 피하기도 한다. 반면에 소양인은 더욱 왕성히 움직이는데 많은 일을 한 번에 처리하면서 주위의 인맥을 총동원한다. 상황대처 능력이 매우 뛰어나기 때문인데 상황이 급박해지면 자신의 본성을 드러내는 것이다.

태음인과 소음인

땀을 많이 흘리고 나면 기력이 바닥나 맥을 못 추거나 신열이 나고 앓아누우면 소음인이며, 땀을 흘리는 것에 전혀 거북함을 느끼지 않고 땀을 쏟아 상쾌해하면 태음인이다.

태음인과 소음인은 둘 다 신중하고 어떤 일을 함부로 결정하지 못한다. 그렇지만 일단 결정하면 한 치의 흔들림이 없이 끝까지 밀고 나가는 경우는 태음인, 그 이후로도 불안해서 안절부절 못하는 경우는 소음인이다.

태음인과 태양인

일처리를 자기 멋대로 하고 외골수로 나가는 유형은 태음인과 태양인에게서 비슷하게 나타나지만 그 내용을 들여다보면 아주 다르다. 태양인은 순간 번득이는 직관력으로 모든 것을 재빨리 결정하지만 태음인은 좀처럼 결정을 내리지 못하고 시간을 끈다. 태양인은 일이 잘못되어 문제가 발생하면 남 탓만 하며 주위를 원망하기 바쁜데 태음인은 묵묵하게 모든 것을 받아들이며 끝까지 버텨낸다.

소음인과 태양인

음식을 먹고 제대로 소화가 안 되어 가슴이 답답하거나 메슥거리는 증상을 보이는 것은 두 체질이 비슷하다. 병이 심해졌을 때 태양인은 토하고 소음인은 설사를 한다. 이는 태양인의 중병은 열격증이며 소음인의 중병은 설사이기 때문이다.

성격도 정반대여서 태양인은 '마초' 형으로 독선에 빠지거나 남을 업신여기지만, 소음인은 항상 소심하고 여성스러운 기질을 보인다.

소음인과 소양인

소양인과 소음인은 둘 다 작고 외모가 단아해서 서로 분간하기 어려울 때가 많다. 군이 차이점을 들면 소양인은 상체가 발달했고 소음인은 하체가 발달했다. 소양인은 위장이 강하기 때문에 배탈이 나는 일이 거의 없으며 이상이 생기면 변비에 걸리지만, 소음인은 위장병을 달고 살기에 이상이 생기면 설사를 하는 경우가 더 많다.

소양인과 태양인

일에 기민하게 반응하고 결정을 하는 모습은 소양인과 태양인 모두 갖추고 있는 모습이어서 분간하기 어려울 수도 있다. 그러나 태양인은 일을 할 때 타고난 직관에 의존해 독선에 빠져 오만하게 결정하는 경우가 많으며 나중에 일이 잘못되었을 때도 남 탓을 한다. 이에 비해 소양인은 항상 예의 바르며 희생정신과 봉사정신이 강한 편이라 할 수 있다.

체질은 차라리 모르고 사는 게 낫다

예전에 텔레비전에서 한의학과 관련한 드라마를 방영한 적이 있다. '허준' '태양인 이제마' '대장금'은 한의학에 대한 인식을 새롭게 해 대중들과 더욱 친해질 수 있는 계기를 마련해주었다.

그런데 임상에서 진료를 담당하는 한의사들에게는 새로운 골칫거리가 생겼다. 환자들 가운데 속성 한의학전문가들이 하나 둘씩 생겨난 것이다. 보통 4주에서 6주 동안은 꾸준히 치료받아야만 하는 구안와사를 앓는 환자가 와서 "드라마에서는 뒤통수에 침 한 방 놓고 낫게 해주는데 왜 그렇게 안 해주냐"며 항의를 할 때는 그저 쓴 웃음을 지을 수밖에 없었다.

이러한 경향은 대중매체와 인터넷의 영향이 커지면서 더욱 심해졌다. 단순히 개인의 건강에 대한 관심 정도를 넘어서 유사단체까지 만들어, 6년 정규과정을 거치고 국가고시에 합격한 전문 의료인인 한의사 흉내까지 내고 싶어 하는 사람까지 생겼다.[20]

물론 한의학이 대중과 친밀한 의학이고 치료방법이 전해내려오는 민간요법과 일맥상통하는 점이 많기에 단순하고 쉽게 느껴질 수도 있다. 그러나 그렇게 쉽게 얻을 수 있는 학문이 아닌데 몇몇 사람들은 스스로 자기의 체질과 병을 진단하고 의사를 찾아온다. 그래서 자신이 원하는 말을 해줄 때까지 귀를 닫고 아무 말도 들으려 하지 않는다. 그러한 자세가 자신의 건강을 심각하게 해칠 수 있다는 생각은 못하는 것 같아 안타깝다.

체질의학에서는 더욱 심각하다. 이미 모든 매체를 통해서 각 사상체질의 외모나 성격과 특징이 다 알려져, 사람들은 자신의 체질에 대해 대충 짐작하고 있다.

나의 은사님은 평생을 사상체질의학 연구에 몸 바치고 후학을 기른 분인데, 『알기 쉬운 사상의학』이라는 책을 펴내 많은 사람들이 사상체질의학에 쉽게 다가설 수 있도록 한 적이 있다. 그때 교수님의 진료실에 함께 있다 보니 참으로 웃지 않을 수 없는 일이 때때로 일어나곤 했다. 한 예로, 어떤 환자는 책을 읽고 본인의 체질이 소양인이어서 소양인 보약을 먹고 싶다고 말했는데 정작 그 읽었다는 책은 교수님이 쓴 책이었다. 공교롭게도 그 환자가 그렇게 확신을 한 책을 쓴 교수님은 그 환자의 체질을 잘 모르겠다며 약을 이용해 체질판정을 하자고 했다. 그만큼 체질 판정을 하는 것은 전문가들에게도 어려운 일이다. 다른 동양학문과 마찬가지로 공부를 많이 할수록 더욱 어려운 것이 한의학, 사상의학이라고 생각하는 사람이 나 뿐만은 아닐 것이다.

우리 한의원에서도 체질검사를 하지만 체질판정을 하면 대략 그 특징만 말해주고 정확한 체질을 알려주지는 않는다. 물론 체질 판별이 쉽지 않아 알려주지 않기도 하지만, 환자들이 체질을 알게 되면 괜한 선입견에 빠져 오히려 건강을 해치게 될까 두려워 가르쳐 주지 않는 것이다. 그런데 가끔 이 때문에 한참 말씨름을 하기도 한다. 보통 환자가 자신의 체질을 물어보는 경우는 음식을 가려먹기 위해서이다. 그렇기 때문에 나는 가능한 체질을 알려주지 않으려고 한다. 태양인이나 소양인에게는 체질을 알려줘도 체질을 판정해준 한의사의 말을 무시하거나 새겨듣지 않기에 음식을 가려먹거나 언행이 부자연스러워지는 문제가 생기지 않는다. 그러나 태음인이나 소음인은 의식하든 안하든 들은 내용을 마음속에 담아두고 음식을 가려먹거나 생활 습관을 바꿔 심각한 문제를 일으키는 경우가 많다. 그동안 잘 먹던 돼지고기를 갑자기 싫어한다든지 먹기만 하면 체한다든지 하는 증상이 나타나는 것이다.

우리가 보통 알고 있듯이 약과 음식은 그 근원이 같다고는 하지만 그 성질의 강약에는 큰 차이가 있을 수밖에 없다. 따라서 음식이 몸에 영향을 끼치려면 오랫동안 아주 많은 양을 먹어야만 가능한 것이다.

사실 『동의수세보원』에서 음식을 가려먹으라는 말은 찾아볼 수 없다. 물론 체질에 따라 좀 더 이로운 음식이나 좀 더 해로운 음식은 분명히 있을 것이다. 그러나 사람들은 오히려 이것을 잊고 살아야 한다. 음식을 가려먹을 것이 아니라 골고루 먹는 것이 몸에는 더 이롭다. 설사 몸에 해로운 요소가 조금 들어왔더라도 몸이 그 정도는 충분히 소화해낼 수 있다.

전에 환자와 같이 온 보호자 한 사람이 말하길, 자신은 태양인인데 평소에 몸이 너무 말라 고민하다가 오로지 살찌려고 태양인에게 이로운 음식만 먹는다고 말을 한 적이 있다. 그래서 내가 "살이 찌던가요?"하고 물으니 고개를 저었다. 나는 다시 물었다. "자녀가 잘 먹지 않아서 바짝 말라있다면 '너는 태양인이니 태양인 음식만 골라 먹으라'고 말하겠습니까?" 그러자 그만 말문이 막혔던지 아무 말 없이 웃기만 했다.[21]

실제로 많은 곳에서 체질음식에 대해 말이 많다. 그 이유는 사상체질의학을 주창한 동무가 체질별 음식을 말해주지 않았기 때문이다. 알다시피 사상의학은 동무가 완성한 학문이 아니어서 동무의 뒤를 잇는 후학들이 동무가 제시한 기본 원리에 자신의 임상경험과 이론을 더한 경우가 많다.

어떤 특정 음식에 알레르기가 있는 사람들은 평소 먹던 음식으로 체질을 판단하지 말아야 한다. 복숭아나 오이, 토마토 등에 알레르기가 있어 못 먹는다는 이유만으로 체질 판정을 내릴 수는 없다. 그러므로 특수한 경우가 아니면 음식을 가리지 않고 골고루 먹고, 하는 수 없이 음식을 가려먹고 싶다면 전문 한의사와 상담해야 한다. 사상의학에서 체질마다 좋은 음식과 나쁜 음식을 나누어 놓은 것은 병이 심해서 음식의 약한 성질로도 몸에 큰 해를 주는 경우이거나 굳이 맞지 않은 음식을 일부러 편식하는 것을 막고자 하는 목적에서다. 따라서 체질별 음식에 대해 신경 쓰지 말고 골고루 먹고 아예 체질에 대해서 잊어버리고 속 편히 사는 것이 건강을 위해서는 가장 좋다.

다시 한 번 말하지만, 체질은 차라리 모르고 사는 게 낫다.

주

1) 『사상의학』, 전국 한의과대학 사상의학교실 엮음, 집문당, 1997, p.31.

2) 『사상의학원론』, 홍순용·이을호 옮김, 행림, 1981, p.144.

3) 허준의 스승으로 널리 알려진 한의사 유의태는 실존인물이 아니라 전설상의 인물을 각색한 것이라는 의견이 많다. 한 예로, 유의태는 자신이 반위라는 불치병을 앓고 있음을 알았기에 제자 허준에게 자신의 몸을 해부하게끔 유언을 남겨 허준이 최초로 인체해부를 할 수 있는 경험을 얻게 만들었다고 되어 있다. 그러나 여러 가지 문헌 기록으로 보아 인체해부는 이미 그 전에도 시행한 적이 있다. 허준이 해부실습을 통해서 비로소 인체에 대해 눈을 뜰 수 있었다는 식의 설명은 과장이다.

4) 「동무 이제마의 가계와 생애에 대한 연구」, 박성식, 사상체질의학회지8(1), 1996, p.18.

5) 『밝혀지는 천리와 인간의 신비』, 최호춘 옮김, 진명인쇄소, 1986, p.16.

6) 『동무격치고역해』, 지규용 옮김, 영림사, 2001, p.28.

7) 「이제마의 의학사관에 대한 연구」, 김경요, 『0사상체질의학회지6(1), 1994, p.46.

8) 「동의보감을 사상의학 영역에서 살펴본 특징과 끼친 영향」, 송일병, 사상체질의학회지4(1), 1992, p.158.

9) 나의 석사학위 논문 제목은 「개정된 사상체질분류검사(QSCC Ⅱ+)의 타당화 연구」였다.

10) 하루빨리 남북통일이 되어, 이러한 이야기가 특별한 얘깃거리가 되지 않는 시대가 오길 간절히 기원한다.

11) 『동의수세보원 초고』, 김달래 옮김, 정담, 1999, p.1.

12) 『사상상법』, 이준호, 전국의학사, 2004, p.3.

13) 『정선 한국의 체질이론』, 경희대학교 한의과대학 제42기 졸

업준비위원회 편저, 대성문화사, 1994, p.148.

14) 이명복 박사는 8체질침의 권위자인 권도원 선생에게 평생의 고질병을 단번에 치유 받은 이후에 사상의학 연구를 시작했다고 한다.

15) 『향수』, 파트리크 쥐스킨트, 열린책들, 1991, p.40.

16) 전에 TV 프로그램에서 허준의 스승 유의태가 반위란 증상을 앓았고, 이 반위라는 증상은 서양의학으로는 위암과 같다는 설명을 했지만, 이는 심한 오류이다. 물론 태양인의 중병이기는 하지만 위암이라고 말할 수는 없다. 위암의 여러 증상 가운데 반위증상이 있을 수는 있다.

17) 『태양인 소양인 태음인 소음인』, 이의주, 집문당, 2002, p.89.

18) 『한방체질약차 110% 활용법』, 김진돈, 한방미디어, 2001, p.31.

19) 『내 몸에 꼭 맞는 사상체질 건강요리』, 김수범, 한방미디어, 2002, p.381.

20) 불행히도, 의료인 또는 유사의료인의 경우에 한의학을 왜곡해 받아들이거나 얄팍한 상식 정도로 한의사 흉내를 내고 싶어 하는 것이 지금의 우울한 현실이다.

21) 『왕처럼 먹고 왕처럼 살아라』, 장동민, 청아, 2004, p.64.

참고문헌

경희대학교 한의과대학 제42기 졸업준비위원회 편저, 『정선 한국의 체질이론』, 대성문화사, 1994.

김경요, 「이제마의 의학사관에 대한 연구」, 『사상체질의학회지 6(1)』, 1994.

김수범, 『내 몸에 꼭 맞는 사상체질 건강요리』, 한방미디어, 2002.

김진돈, 『한방체질약차 110% 활용법』, 한방미디어, 2001.

박성식, 「동무 이제마의 가계와 생애에 대한 연구」, 『사상체질의학회지8(1)』, 1996.

송일병, 「동의보감을 사상의학 영역에서 살펴본 특징과 끼친 영향」, 『사상체질의학회지4(1)』, 1992.

이제마, 김달래 옮김, 『동의수세보원 초고』, 정담, 1999.

＿＿＿＿, 송일병 옮김, 『동의수세보원 초본권』, 경희대학교 한의과대학 사상의학과, 1999.

＿＿＿＿, 지규용 옮김, 『동무격치고역해』, 영림사, 2001.

＿＿＿＿, 최호춘 옮김, 『밝혀지는 천리와 인간의 신비』, 진명인쇄소, 1986.

＿＿＿＿, 홍순용·이을호 옮김, 『사상의학원론』, 행림, 1981.

이의주, 『태양인 소양인 태음인 소음인』, 집당, 2002.

이준호, 『사상상법』, 이준호, 전국의학사, 2004.

장동민, 「개정된 사상체질분류검사(QSCCⅡ+)의 타당화 연구」, 『경희대학교 대학원 석사학위논문』, 2003.

＿＿＿＿, 『왕처럼 먹고 왕처럼 살아라』, 청아, 2004.

전국 한의과대학 사상의학교실 엮음, 『사상의학』, 집문당, 1997.

조종진, 『체질 타령 하지 마라』, 청계, 2002.

파트리크 쥐스킨트, 강명순 옮김, 『향수』, 열린책들, 1991.

사상의학 바로 알기

펴낸날	초판 1쇄 2011년 12월 21일
	초판 3쇄 2014년 11월 20일

지은이	장동민
펴낸이	심만수
펴낸곳	(주)살림출판사
출판등록	1989년 11월 1일 제9-210호

주소	경기도 파주시 광인사길 30
전화	031-955-1350　　팩스 031-624-1356
기획·편집	031-955-4671
홈페이지	http://www.sallimbooks.com
이메일	book@sallimbooks.com

ISBN	978-89-522-0607-7　04080

126 초끈이론 아인슈타인의 꿈을 찾아서 · eBook

박재모(포항공대 물리학과 교수) · 현승준(연세대 물리학과 교수)

빠르게 발전하고 있는 초끈이론을 일반대중이 이해할 수 있도록 쉽게 풀어쓴 책. 중력을 성공적으로 양자화하고 모든 종류의 입자와 그들 간의 상호작용을 포함하는 모형으로 각광받고 있는 초끈이론을 설명한다. 초끈이론을 이해하기 위해 필요한 양자역학이나 일반상대론 등 현대물리학의 제 분야에 대해서도 알기 쉽게 소개한다.

125 나노 미시세계가 거시세계를 바꾼다 · eBook

이영희(성균관대 물리학과 교수)

박테리아 크기의 1000분의 1에 해당하는 크기인 '나노'가 인간세계를 어떻게 바꿔 놓을 것인지에 대한 해답을 제시하는 책. 나노기술이란 무엇이고 나노크기의 재료들은 어떻게 만들어지는가, 나노크기의 재료들을 어떻게 조작해 새로운 기술들을 이끌어내는가, 조작을 통해 어떤 기술들을 실현하는가를 다양한 예를 통해 소개한다.

448 파이온에서 힉스 입자까지 · eBook

이강영(경상대 물리교육과 교수)

누구나 한번쯤 '우주는 어디에서 시작됐을까?' '물질의 근본은 어디일까?'와 같은 의문을 품어본 적은 있을 것이다. 물질과 에너지의 궁극적 본질에 다가서면 다가설수록 우주의 근원을 이해하는 일도 쉬워진다고 한다. 이 책은 바로 이러한 질문들의 해답을 찾기 위해 애쓰는 물리학자들의 긴 여정을 담고 있다.

035 법의학의 세계 · eBook

이윤성(서울대 법의학과 교수)

최근 드라마나 영화를 통해 일반인의 호기심을 자극하고 있지만 거의 알려지지 않은 법의학을 소개한 책. 법의학의 여러 분야에 대한 소개, 부검의 필요성과 절차, 사망의 원인과 종류, 사망시각 추정과 신원확인, 교통사고와 질식사 그리고 익사와 관련된 흥미로운 사건들을 통해 법의학에 대한 이해를 돕는다.

395 적정기술이란 무엇인가

eBook

김정태(적정기술재단 사무국장)

적정기술은 빈곤과 질병으로부터 싸우고 있는 전 세계의 사람들에게 희망을 안겨주는 따뜻한 기술이다. 이 책에서는 적정기술이 탄생하게 된 배경과 함께 적정기술의 역사, 정의, 개척자들을 소개함으로써 적정기술에 대한 기본적인 이해를 돕고 있다. 소외된 90%를 위한기술을 통해 독자들은 세상을 바꾸는 작지만 강한 힘이란 무엇인가에 대해서 알 수 있을 것이다.

022 인체의 신비

이성주(코리아메디케어 대표)

내 자신이었으면서도 여전히 낯설었던 몸에 대한 지식을 문학, 사회학, 예술사, 철학 등을 접목시켜 이야기해 주는 책. 몸과 마음의 신비, 배에서 나는 '꼬르륵' 소리의 비밀, '키스'가 건강에 이로운 이유, 인간은 왜 언제든 '사랑'할 수 있는가에 대한 여러 학설 등 일상에서 일어나는 수수께끼를 명쾌하게 풀어 준다.

036 양자 컴퓨터

eBook

이순칠(한국과학기술원 물리학과 교수)

21세기 인류 문명에서 가장 중요한 요소 중의 하나로 꼽히는 양자 컴퓨터의 과학적 원리와 그 응용의 효과를 소개한 책. 물리학과 전산학 등 다양한 학문적 성과의 총합인 양자 컴퓨터에 대한 이해를 통해 미래사회의 발전상을 가늠하게 해준다. 저자는 어려운 전문용어가 아니라 일반 대중도 이해가 가능하도록 양자학을 쉽게 설명하고 있다.

214 미생물의 세계

eBook

이재열(경북대 생명공학부 교수)

미생물의 종류 및 미생물과 관련하여 우리 생활에서 마주칠 수 있는 여러 현상들에 대해, 알기 쉽게 풀어 설명한다. 책을 읽어나가며 독자들은 미생물들이 나름대로 형성한 그들의 세계가 인간의 그것과 다름이 없음을, 미생물도 결국은 생물이고 우리와 공생하고 있다는 사실을 알 수 있을 것이다.

375 레이첼 카슨과 침묵의 봄   eBook

김재호(소프트웨어 연구원)

『침묵의 봄』은 100명의 세계적 석학이 뽑은 '20세기를 움직인 10권의 책' 중 4위를 차지했다. 그 책의 저자인 레이첼 카슨 역시 「타임」이 뽑은 '20세기 중요인물 100명' 중 한 명이다. 과학적 분석력과 인문학적 감수성을 융합하여 20세기 후반 환경운동에 절대적 영향을 준 레이첼 카슨과 『침묵의 봄』에 대한 짧지만 알찬 안내서.

277 사상의학 바로 알기   eBook

장동민(하늘땅한의원 원장)

이 책은 사상의학이라는 단어는 알고 있지만 심리테스트 정도의 흥밋거리로 알고 있는 사람들에게 바른 상식을 알려 준다. 또한 한의학이나 사상의학을 전공하고픈 학생들의 공부에 기초적인 도움을 준다. 사상의학의 탄생과 역사에서부터 실생활에서 적용할 수 있는 간단한 사상의학의 방법들을 소개한다.

356 기술의 역사 멘석기에서 유전자 재조합까지

송성수(부산대학교 기초교육원 교수)

우리는 기술을 단순히 사물의 단계에서 생각하기 쉽다. 하지만 기술에는 인간의 삶과 사회의 배경이 녹아들어 있다. 기술의 역사를 통해 우리는 기술과 문화, 기술과 인간의 삶을 연결시켜 생각할 수 있게 될 것이다. 이 책을 읽은 후 주변에 있는 기술을 다시 보게 되면, 그 기술이 뭔가 다른 느낌으로 다가올 것이다.

319 DNA분석과 과학수사   eBook

박기원(국립과학수사연구소 연구관)

범죄수사에서 유전자분석에 대한 관심이 커지고 있지만 간단하게 참고할 만한 책은 거의 없는 실정이다. 이 책은 적은 분량이지만 가능한 모든 분야와 최근의 동향을 소개하고 있다. 특히, 내용의 이해를 돕기 위하여 서래마을 영아유기사건이나 대구지하철 참사 신원조회 등 실제 사건의 감정 사례를 소개하는 데도 많은 비중을 두었다.

eBook 표시가 되어있는 도서는 전자책으로 구매가 가능합니다.

㈜살림출판사
www.sallimbooks.com
주소 경기도 파주시 문발동 522-1 | 전화 031-955-1350 | 팩스 031-955-1355